Mit allen guten Wünschen

B. Imhof

11.11.95

Wahrheit und Weisheit

Beat Imhof

Wahrheit & Weisheit

Symbolgeschichten

Rothus Verlag
Solothurn

Für meine Töchter Felicitas und Laetitia

ISBN 3-9520410-2-5

Autor: Dr. Beat Imhof, Zug
Gestaltung und Satz: Thedy Gamper, Rothus Grafik, Solothurn
Gesetzt aus der Adobe Garamond, Titel aus der Franklin Gothic
Druck: Druckerei Paul Herzog, Solothurn

Inhalt

Auf was es ankommt

Zum Geleit

Mein Freund Beat Imhof und ich marschieren vom Herbst bis zum Frühling jeden Sonntag und bei jedem Wetter über den Berg, der wie eine Kanzel ins Zugerland hinaussteht. Klostergekrönt steht er da, aber auch bestockt mit mächtigen Linden, die so alt sind wie das Kloster, baumchirurgisch behandelt, Naturdenkmäler inzwischen. Das Klosterensemble steht unter eidgenössischem Denkmalschutz.

Der Weg über den Hügel dauert beinahe zwei Stunden. Im Gasthof trinken wir einen sauren Most. Wir sprechen über unsere Lektüre und was sonst die Woche an Ereignissen bringt. Beat veranschaulicht die Lebenserfahrungen mit Geschichten. Er nennt sie Symbolgeschichten, die er nicht selbst erfunden, sondern aus dem Weisheitsgrund der Völker gesammelt, zwar selber formuliert und in die moderne Zeit hineingestellt, aber doch von grossen Meistern übernommen hat.

Der Philosoph Wilhelm Schapp hat sein Lehrgebäude auf den Gedanken gebaut, dass der Mensch in Geschichten verwickelt ist, dass er mit einem Berg von Geschichten seinen Lebensweg beginnt und dass er unzählige hinzuerwirbt und den Berg aufschichtet. Will man wissen, wer und was ein Mensch ist, dann muss man seine Geschichten kennen.

Wir erzählen uns Geschichten, selbst erlebte und andere; und immer krönt Beat, wie die Linden den Gubel, diese mit Symbolgeschichten. Es sind kluge und weise Vertiefungen von aktuell Erlebtem und Erfahrenem. Sie setzen den Punkt am richtigen Ort.

Geschichten sind nicht nur unterhaltsam, sie arbeiten auch auf anschauliche Art und Weise die Essenz eines Ereignisses heraus und entfalten seinen Kern. Sie repräsentieren Leben. Sie sind Leben. Die Geschichten, die Beat Imhof vorlegt, enthalten exemplarisches Leben. Sie haben den unersetzbaren Vorteil, dass sie durch die Jahrhunderte weitergetragen und geläutert worden sind. Es sind keine banalen und billigen, sondern weise Geschichten. Die Geschichten, die sie nunmehr lesen können, haben unsere Gubelwanderungen bereichert. Oft genug hat Beat unserem Gespräch damit eine Vertiefung gegeben.

So bekommt auch der gewöhnliche Alltag einen tieferen Sinn und einen überzeitlichen Gehalt, und man spürt, dass das, was man so erlebt, gar nicht soweit von dem entfernt ist, was früher erlebt und erfahren wurde; nur eben war da ein Weisheitslehrer, der dem Erlebnis Substanz gab.

ANDREAS ITEN, STÄNDERAT

Vorwort

Symbolgeschichten werden seit Jahrhunderten erzählt, um zeitlose Wahrheiten und Weisheiten auf einfache und einprägsame Art zu vermitteln. Ihre Aussage leuchtet aus der Erzählung hervor wie ein Saphir oder Rubin aus dem rohen Gestein.

Diese symbolischen Geschichten brauchen nicht wahr zu sein, in dem Sinne, dass sie sich tatsächlich so zugetragen haben. Vielmehr bringen sie bildhaft und anschaulich zum Ausdruck, was Wissende und Weise erkannt und erfahren haben. Es sind immer dieselben Wahrheiten, in einfache Lehrgeschichten gekleidet, ob sie nun von einem chinesischen Weisen, von einem indischen Heiligen, von einem jüdischen Rabbi, von einem islamischen Sufi, von einem japanischen Zen-Meister oder von einem christlichen Eremiten stammen. Weitererzählt wurden sie in den Beduinenzelten der Wüste, an den Lagerfeuern der Hirten, in den Tavernen und Schenken, wo fahrende Händler einzukehren pflegten.

Diese Symbolgeschichten sind nicht an einen bestimmten Kulturraum gebunden. Die meisten stammen aus dem Orient, wo die Sprache bildträchtiger ist als bei uns im nüchternen Westen.

Die handelnden Personen stehen zumeist in einem Lehrer/Schüler-Verhältnis. Ihre Gespräche wirken daher unmittelbar und lebensecht. Ein Weisheitslehrer meinte einmal: «Der kürzeste Weg zwischen dem Menschen und der Wahrheit ist eine Symbolgeschichte.»

Die vorliegenden Geschichten habe ich über einen Zeitraum von etwa zehn Jahren gesammelt, geordnet und teilweise sprachlich neu gestaltet. Es ist nicht möglich, die Spuren dieser Erzählungen bis an ihre Quelle zurückzuverfolgen. Ihre Verfasser sind bis auf ganz wenige Ausnahmen unbekannt. Zahlreiche Geschichten finden sich in der Literatur in verschiedenartigen Fassungen übermittelt. Einige habe ich gekürzt, andere habe ich erweitert, um ihre Aussagekraft zu verstärken.

Diese Sammlung will nicht Neugier wecken, sondern zum Nachsinnen anregen und zum Weitererzählen ermuntern. Sie enthält in mehr als zweihundert symbolischen Geschichten tiefe Wahrheiten und Weisheiten, die uns alle angehen. Es sind kleine sprachliche Köstlichkeiten, die das Leben bereichern, ein Gespräch vertiefen und eine Erklärung verdeutlichen können. Vor allem sollen sie aber zu eigenem Denken und Nachdenken anregen.

Einmal beklagte sich ein Schüler bei seinem Lehrmeister: «Ihr erzählt uns immer Geschichten, aber nie enthüllt Ihr deren Bedeutung.»

Der Meister gab zu Bedenken: «Wie würde es dir gefallen, wenn ich dir vorgekaute Früchte zum Essen vorsetzen würde?»

Dann wandte sich der Lehrer an die versammelte Schülerschar und sprach: «Niemand kann es euch abnehmen, selber nach der Sinnbedeutung zu suchen, die eine von mir erzählte Geschichte für euch hat. An euch liegt es, ihre Tiefe auszuloten.»

Diese Weisung mögen auch die Leser des vorliegenden Buches beherzigen.

CH-6314 Unterägeri, im Juli 1995

Beat Imhof

Erkenne dich selbst

Erkenne dich selbst

Was der Meister seinen Schülern vermitteln wollte, war Wissen und Weisheit. «Wissen», sagte er, «erwirbt man durch Bücherlesen oder indem man Vorlesungen besucht.»

«Und wie erlangt man Weisheit?» wollten die Schüler erfahren.

«Zu Weisheit kommt man, wenn man das Buch liest, das man selber ist.» Dann fügte er noch hinzu: «Das ist gar kein leichtes Studium, denn dauernd erscheinen neue Auflagen, die Ergänzungen, Verbesserungen oder Veränderungen im Text enthalten.»

Der Mönch, der nicht lesen konnte

In einer japanischen Bibliothek sass jahraus, jahrein ein Mönch still in einer Ecke und meditierte. Eines Tages sprach ihn ein Aufseher an und fragte: «Warum nimmst du keine der heiligen Schriften zur Hand, die hier in grosser Zahl vorhanden sind, und liest darin wie die anderen Leute hier im Saal?»

«Ich kann keine Schriftzeichen lesen», gab der Mönch bescheiden zurück.

«Wie schade! Ein Mönch, der nicht einmal lesen kann, ist ein armer Mann. Soll ich dir das Lesen beibringen?» anerbot sich der Aufseher.

«Ja, gerne. Am besten fängst du bei mir selber an. Wie heisst dieses Schriftzeichen?» meinte freundlich lächelnd der Mönch und wies mit der Hand auf sich selber.

Der Adler im Hühnerstall

Ein Mann fand ein Adlerei und legte es in das Nest einer brütenden Henne. Der junge Adler schlüpfte mit den Kücken aus und wuchs mit diesen auf. Sein ganzes Leben lang benahm sich der Adler wie ein Huhn, denn er war sich seiner Herkunft nicht bewusst. Er scharrte mit den Hühnern im Hinterhof und auf dem Miststock und schlief des Nachts auf einem Bein stehend. Nur das Eierlegen wollte ihm nicht recht gelingen. Jahre vergingen, und der Adler wurde alt. Eines Tages sah er einen herrlichen Vogel hoch über dem Hühnerstall mit ausgebreiteten Schwingen dahingleiten. Voll Bewunderung schaute ihm der alte Adler nach und fragte den Hahn, der gerade vorbeistolzierte: «Wer ist das?»

«Das ist der Adler, der König der Lüfte», erklärte der Gockel, «doch reg dich nicht auf, du und ich, wir sind von anderer Art.»

Also dachte der Adler nicht mehr weiter an diesen Vogel. Er starb im Glauben, ein Huhn im Hinterhof zu sein.

Daraus folgt: Wer das Denken eines Huhnes hat, für den ist die Welt ein Hühnerstall.

Selbsterkenntnis

Ein närrischer Mann bekleidete sich mit einer Löwenhaut. Stolz stand er vor seinem Nachbarn und prahlte: «Siehst du, wie stark ich bin. Sag mir, wie werde ich auch klug?»

«Indem du eine Eselshaut anziehst», gab der Angesprochene zurück.

«Dann sehe ich aber aus wie ein Esel.»

«Ja, richtig. Doch alle Klugheit beginnt mit der Selbsterkenntnis.»

Die alten Schuhe

Eine Frau wollte in einem Geschäft ein Paar Schuhe kaufen. Schon ein Dutzend Paar hatte sie anprobiert, doch keines wollte ihr passen. Sie fragte nach der Grösse und nach dem Preis.

Die Verkäuferin war schon nahe daran, ihre Geduld zu verlieren. Schliesslich fand die wählerische Kundin einen Schuh, in den ihr Fuss gut hineinpasste. Sie machte damit ein paar Schritte, fühlte sich wohl darin und entschloss sich, dieses Paar zu kaufen. «Was kosten diese Schuhe?» wollte sie von der Geschäftsinhaberin wissen.

«Diese kosten nichts», bekam sie zur Antwort.

«Das kann ich nicht verstehen. Seit wann gibt es bei Ihnen Gratisschuhe?»

«Es sind dieselben Schuhe, die Sie schon trugen, als Sie den Laden betraten.»

Du bist es

Bevor der Meister einen Schüler in den Kreis seiner Jünger aufnahm, pflegte er ihn folgendes zu fragen: «Weisst du, wer der einzige Mensch ist, der dich während deines ganzen Lebens nie verlassen wird?»

«Nein, ich weiss es nicht», lautete zumeist die Antwort.

«Du bist es», gab der Meister zu bedenken. «Weisst du, wer allein dafür verantwortlich ist, wie es dir im Leben ergeht?»

«Wer ist es?»

«Du bist es. Weisst du schliesslich, wer der einzige Mensch ist, der dir wirklich helfen und dich weiterbringen kann im Leben?»

«Woher sollte ich dies wissen?»

«Du bist es.»

Schau in die Tiefe

Vor vielen Sommern gab es südlich des grossen Flusses einen Berg, der war so hoch, dass sein Schatten eine Tagesreise weit reichte. Die alten Männer sagten, ein böser Geist wohne in seinem Innern. Kein Mensch könne etwas gegen diesen ausrichten. Das ärgerte den Häuptling des Stammes. Er legte den Federschmuck an, nahm seine Waffen und stieg zur Spitze des Berges hinauf. Oben angekommen, sah er einen grossen Krater, aus dessen Schlund giftiger Qualm und gelber Rauch aufstieg. Der Häuptling ergriff einen Stein und schleuderte ihn in den Abgrund. Der Berg antwortete mit einem Dröhnen, Donnern und Grollen. Gleich darauf spie er einen glühenden Feuerball aus seinem Rachen, der am Fusse des Berges einschlug.

Der Häuptling wurde zornig, und er warf noch mehr Steine in den Krater des Berges. Jedesmal kamen diese als feurige Klumpen zurück und verwüsteten das Land. Die Flüsse trockneten aus ob der sengenden Hitze, die Bäume und Sträucher fingen Feuer, Tiere und Menschen starben im Aschenregen. Voller Schmerz und Entsetzen sah der Häuptling, was er angerichtet hatte, und er beschloss, in den Krater hinabzusteigen und den bösen Geist zum Zweikampf herauszufordern. Am Grund des Kraters sah er einen dunklen, geheimnisvollen See.

«Geist der Tiefe, komm heraus und zeige dich!» rief der mutige Häuptling. «Ich bin ein kraftvoller Krieger und habe schon viele meiner Feinde getötet. Ich will mit dir kämpfen!»

Da hörte er eine Stimme: «Schau in die Tiefe!»

Als der Häuptling in die Tiefe blickte, sah er im dunklen Wasser des Kratersees sein eigenes Antlitz.

Die erste Erkenntnis

Ein indischer Mönch stellte einem westlichen Gelehrten eine grossartige Erkenntnis in Aussicht, wenn er seinen Weisungen folge. Als der wissbegierige Europäer sich damit einverstanden erklärte, wies ihn der Inder an: «Geh hinaus in den Regen und erhebe deine Arme zum Himmel!»

Am folgenden Tag fragte der Mönch den Weissen, wie es ihm bei der ersten Übung ergangen sei. «Ich folgte deinem Rat, und bald stand ich völlig durchnässt im Regen. Ich kam mir dabei vor wie ein vollkommener Narr.»

«Findest du nicht», fragte der Weise, «dass dies für den Anfang schon eine ganz gute Erkenntnis ist?»

Der erste Schuh

Eine Frau beklagte sich darüber, dass die Erdoberfläche überall so hart und rauh sei. Weil es ihr weh tat und sie sich ihre zarten Füsse verletzte, wenn sie über Stock und Stein lief. Alsdann bat sie ihren Mann, er möge doch alles Leder der Welt zusammentragen und damit die Erdoberfläche bedecken, so dass es überall, wo sie hintreten und hingehen möge, schön weich und warm wäre unter ihrem Fuss.

Da wehrte sich der Mann: «Das wird eine Riesenarbeit werden! Und wo nehmen wir das viele Leder her?»

Plötzlich kam ihm eine Idee: «Weisst du was?» sagte er, «ich binde dir ein Stück Leder unter deine Füsse, und die Wirkung wird genau dieselbe sein.»

So geschah es, und das erste Paar Schuhe ward geschaffen.

Der Sinn des Fastens

Zu einem heiligen Mann, der fastend und betend in der Wüste an einer kleinen Wasserstelle lebte, kam eine Gruppe neugieriger Reisender. Er war gerade damit beschäftigt, Wasser aus einer Zisterne hochzuziehen. Die Fremden fragten ihn: «Sag uns, frommer Mann, was ist der Sinn deines Fastens und Betens?»

Der Eremit forderte die Fragenden auf: «Schaut in den Brunnen. Was seht ihr?»

Die Touristen beugten sich über den Brunnenrand. Sie sahen nichts als leicht getrübtes, bewegtes Wasser. «Wir können nichts anderes sehen als Wasser.»

Der Weise liess die Fremden eine Weile schweigend warten. Dann forderte er sie erneut auf, in den Brunnen zu schauen. «Was seht ihr jetzt?» wollte er wissen.

Nun schauten sie alle im Wasser, das inzwischen zur Ruhe gekommen war, ihr eigenes Spiegelbild.

Der Heilige sagte nun: «Das ist der Sinn des Fastens und Betens, man erkennt sich selbst.»

Der Weltverbesserer

Beunruhigt durch all die Not und das Elend im menschlichen Dasein, entschloss sich ein Idealist, die Welt zu verbessern. Da er aber nicht wusste, in welcher Ecke der Welt er mit seinem

Bemühen anfangen sollte, suchte er einen Eremiten auf und fragte: «Wo soll ich beginnen, wenn ich die Welt verbessern will? Bei welchem Volk, bei welcher Nation besteht die beste Möglichkeit hierzu?»

Erstaunt schaute der Einsiedler den Weltverbesserer an und meinte: «Am besten fängst du bei dir selber an. Gelingt es dir, dich selber zu verbessern, indem du bescheidener, gütiger und wohlwollender wirst, hast du damit auch einen Teil der Welt verbessert, denn du bist ja ein Teil dieser Welt, die du zum Guten verändern willst. Auf diese Weise wirst du erkennen, dass in den Augen der Guten auch die Welt gut ist.»

Der Herr und sein Diener

Ein Mann lebte während vieler Jahre allein in einem Haus. Es war ein recht vornehmes Haus mit zahlreichen nobel ausgestatteten Räumen. Der Mann schlief im herrschaftlichen Schlafgemach und genoss alle Annehmlichkeiten des Hauses. Waren Entscheidungen über das Haus zu treffen, wenn etwa Ausbesserungen und Erneuerungen fällig waren, so stieg er in den Keller hinunter und entnahm einer alten Truhe das notwendige Geld, um die ausgeführten Arbeiten zu bezahlen. So lebte er sorglos und unbekümmert dahin, ohne sich dabei weitere Gedanken zu machen.

Wie er eines Abends nach einem vorzüglichen Mahl behaglich vor dem Kamin in seinem Lehnstuhl sass, kam ein älterer, vornehm gekleideter Herr die Haupttreppe herunter. Da erinnerte sich der Mann im Lehnstuhl plötzlich, dass dieser eigentlich der Herr des Hauses war und er selber nur sein Diener, der sich in der Zeit der Abwesenheit seines Herrn um alles zu kümmern hatte.

So verhält es sich häufig auch zwischen dem Bewussten und dem Unbewussten in der menschlichen Seele oder zwischen dem Ego als dem niederen Ich und dem Selbst als dem höheren Ich im Menschen.

Der Geizhals

Ein Geizhals versteckte sein Gold unter einem Baum im Garten. Jede Woche grub er es aus und betrachtete es stundenlang. Eines Tages fand ein Dieb das Versteck, raubte das Gold und verschwand damit. Als der Geizige das nächste Mal seinen Goldschatz ausgraben und betrachten wollte, fand er nur noch ein leeres Loch. Der Mann beklagte laut seinen Verlust. Die Nachbarn, die sein Wehklagen hörten, liefen herbei und erfuhren nun zum ersten Mal vom heimlichen Reichtum des Geizkragens. Da fragte ihn einer: «Hast du das Gold zu etwas gebraucht?»

«Nein», sagte der Beraubte, «ich habe es nur jede Woche einmal ausgegraben, um es zu betrachten.»

Da meinte einer der Nachbarn: «Wenn du das Gold nicht zu etwas brauchtest, dann kannst du genausogut jede Woche herkommen und das leere Loch betrachten.»

Der Wunschbaum

Ein Wanderer gelangte unerwartet in ein Land, in dem gar seltsame Bäume wachsen. Jedem, der sich unter ihrem dichten Blätterdach niederlässt, verwirklichen sie augenblicklich seine Wunschgedanken. Müde von seiner langen Reise, legte sich der Mann im Schatten eines solchen Wunschbaumes nieder und schlief bald ein. Wie er nach einer Weile erwachte, fühlte er sich hungrig. Also dachte er bei sich: «Ich wünschte mir, dass ich von irgendwoher etwas zu essen bekomme.»

Kaum gedacht, schwebten schon, wie von unsichtbaren Händen getragen, herrlich reife Früchte herbei, die ihm mächtig mundeten. Er griff kräftig zu und fragte nicht lange danach, wie und warum sich sein Wunsch so schnell erfüllte, denn wenn einer hungrig ist, verspürt er wenig Lust zum Philosophieren. Nachdem sich der Wandersmann satt gegessen hatte, tauchte in ihm ein zweiter Wunschgedanke auf: «Wenn ich nur etwas zu trinken bekommen könnte.»

Schon stand ein Krug voll köstlichen Weines vor ihm. Als er davon genug und reichlich getrunken hatte, war nicht nur sein Durst gestillt, auch seine Sinne fingen an zu taumeln, und wirre Gedanken tanzten in seinem schweren Kopf herum. Verwundert, ja ängstlich schaute er um sich, und ein dritter Gedanke – diesmal war es ein unheimlicher Furchtgedanke – beschlich sein Herz: «Was geht hier vor? Was ist hier los? Träume ich, oder gibt es hier wirklich böse Geister, die mich plagen und foppen wollen?»

Noch ehe er diesen Gedanken zu Ende gedacht hatte, näherten sich ihm finstere Gesellen und blieben wütend und drohend vor ihm stehen. «Jetzt werden sie mich töten», war sein nächster, sein letzter Gedanke, denn schon fühlte er den todbringenden Schlag, von dem er sich nicht mehr erholen sollte.

So schafft sich jeder Mensch sein Schicksal selber, je nachdem, wie er denkt.

Der Baum der Selbsterkenntnis

Die Kunde kam zum König, in einem fernen Lande wachse ein seltener Baum, dessen Früchte den Menschen Frieden und Glück bescheren. Sogleich sandte der königliche Herrscher seine Kundschafter aus, um jenen seltsamen Baum zu finden und um ihm seine Früchte zu bringen. Jahrelang zogen die Abgesandten des Königs von Dorf zu Dorf, von Stadt zu Stadt, von Land zu Land. Jeden, den sie antrafen, fragten sie nach dem gesuchten Baum, doch keiner wollte ihn je gesehen haben.

Entmutigt und des ständigen Umherwanderns müde, kehrten die ausgesandten Knechte heim zu ihrem König, der wegen ihres Misserfolges recht enttäuscht war.

Ein Heimkehrer jedoch verirrte sich auf seinem Weg nach Hause und kam zur Hütte eines Eremiten. Nachdem dieser den Fremden an seinem kargen Mahl hatte teilnehmen lassen, fragte er ihn, wohin denn seine Reise gehe.

«Ich bin auf der Suche nach dem Baum, dessen Früchte den Saft inneren Friedens und beständigen Glücks enthalten. Bist du vielleicht irgendwo diesem Baum begegnet?»

«Ich kenne diesen Baum», sagte der Wissende weise lächelnd. «Du findest ihn nirgendwo auf der ganzen Welt als nur in dir.»

Nach dieser Belehrung verabschiedete sich der königliche Bote und kehrte an den Hof seines Gebieters zurück. Alsogleich trat er vor seinen König, und auf dessen Frage: «Hast du den Baum gefunden?» gestand er: «Ja, ich weiss, wo er ist, und auch du, mein König, wirst ihn finden, wenn du auf die richtige Weise nach ihm suchst.»

«Wo soll ich ihn denn suchen?» begehrte der Herrscher zu wissen.»

«Trachte ihn in dir zu finden, indem du versuchst zu erfahren, wer du bist, woher du kommst, wohin du gehst, wozu du lebst. Der Baum, der Frieden und Glück verheisst, ist der Baum der Selbsterkenntnis. Er hat seine Wurzeln in deiner Seele und will sich in dir zu hoher Bewusstheit entfalten.»

Der Mann und sein Schatten

Ein Mann, der sehr darauf bedacht war, vor den Leuten unbescholten und mit reiner Weste dazustehen, damit seine Tugendhaftigkeit möglichst in reinem Licht erscheine, versuchte alles, um seinen lästigen Schatten loszuwerden. Daher nahm er sich vor, so schnell zu laufen, dass sein Schatten ihm nicht mehr zu folgen vermöge. So startete er seinen Lauf, steigerte zunehmend das Tempo, rannte immer schneller und schneller, in der festen Überzeugung, sein Schatten würde ihn nicht mehr einholen.

Von Zeit zu Zeit schaute der Mann zurück, doch stets sah er sein Schattenbild dicht hinter sich, als würde es an ihm haften. Nun steigerte der Läufer seine Geschwindigkeit mit noch grösserer Anstrengung, doch der Schatten tat es ebenso. Keine Handbreit wich er von ihm. Mit letzter Kraft versuchte der Mann nochmals, den widerlichen Schatten abzuschütteln, dann brach er entkräftet zusammen und blieb tot am Strassenrand liegen, sein Schatten ihm treu zur Seite wie eh und je.

Ein Weiser, der des Weges kam und von den Schattenängsten des Verstorben wusste, sagte leise und nachdenklich: «Hätte er nur einmal im Schatten eines mächtigen Baumes ausgeruht, wäre sein eigener Schatten verschwunden. Sein Vollkommenheitswahn hat ihn in den Tod getrieben.»

Die vermisste Axt

Ein Mann hatte seine Axt verloren und vermutete, dass der Sohn des Nachbarn sie ihm gestohlen habe. Er beobachtete ihn daher genau und glaubte festzustellen: Sein Gang, sein Blick waren ganz die eines Axtdiebes. Alles, was er tat, sah nach einem Axtdieb aus.

Einige Zeit später fand der Mann zufällig seine Axt unter einem Bretterhaufen. Am nächsten Tag sah er den Sohn seines Nachbarn. Nun war sein Gang nicht mehr der eines Axtdiebes, und sein Blick war nicht mehr der eines Axtdiebes.

Wer bist du?

Zu einem weisen Sufi in der grossen Stadt am Tigris kamen einst seine Schüler und teilten ihm mit: «Wir hörten auf dem Marktplatz, wie die Leute dort über dich redeten.»

«Und was sagten sie?»

«Die Juden meinen, du seiest eine Rabbi, die Christen halten dich für einen ihrer Priester und die Anhänger des Propheten sehen in dir einen frommen Muslim.»

Der Sufi-Meister erwiderte: «Ja, so reden sie hier in Bagdad über mich. Als ich aber in Jerusalem war, nannten die Juden mich einen Christen, die Christen sahen in mir einen Muslim und die Muslime schimpften mich einen Ungläubigen.»

«Was sollen wir nun von all diesem Gerede halten? Sag uns, wer bist du wirklich?»

«Haltet mich für einen Mann, den weder jene verstehen, die ihn verehren, noch jene, die ihn verachten. Wer denkt, er sei der, für den seine Freunde oder seine Feinde ihn halten, der weiss selber nicht, wer er ist.»

Die Liebe des Augenblicks

An einer Strasse, über die ein Bahngeleise führt, stand mehrmals am Tag eine Frau, welche die Barriere bediente. Der erste Zug kam jeweils schon in aller Frühe. Doch die Barrierefrau war auf ihrem Posten, pünktlich und zuverlässig. Seit geraumer Zeit konnte die Frau es kaum erwarten, den ersten Güterzug in der Morgenfrühe zu sichern. Der Lokomotivführer, der da aus der Nacht und aus der Kälte kam, wurde für sie zunehmend zum Helden. Mutig, entschlossen und stark stand er da auf seiner Maschine wie Helios auf dem Sonnenwagen.

«Wahrhaftig ein Mann, ein richtiger Mann!» dachte sich die Frau. Was wundert, dass ihr Herz zu pochen anfing, kaum dass sie die Lichter des Zuges in der Ferne sah. Und wie sie mit der Hand grüsste, kurz bevor die Lokomotive vorbeibrauste, verschlug es ihr beinahe den Atem vor geheimer Liebessehnsucht.

Dem Lokomotivführer erging es nicht anders. Für ihn war die Barrierefrau das Abbild der zuverlässigen, helfenden und rettenden Frau; die getreue Gefährtin des Mannes. In den kurzen Augenblicken, da sich ihre Blicke trafen, wurden ihm die Knie weich, und seine Hand fing an zu zittern. So wurde für ihn diese flüchtige Begegnung jeweils zum Höhepunkt des Tages. Auch der Frau ging es den ganzen Tag nicht aus dem Kopf, was ihr am Morgen geschah. Des Mannes Liebesverlangen steigerte sich von Mal zu Mal derart, dass er voller Unruhe sich entschloss, diese seine Traumfrau näher kennenzulernen. So machte er ihre Adresse ausfindig und vereinbarte kurz entschlossen mit ihr ein Stelldichein im benachbarten Bahnhofbuffet.

Da sassen sie nun an einem freien Nachmittag einander gegenüber bei Kuchen und Tee – und waren voneinander so enttäuscht, weil er ohne Lokomotive kam und sie ohne ihre Barrieren.

Das überzeugende Vorbild

Ein Mann war regelmässig bei einer befreundeten Familie zu Gast. Eines Tages bat ihn der Gastgeber um einen Gefallen. «Ich habe Kummer mit meinem Sohn», klagte der Hausherr, «er isst zuviel Süsses und hat bereits gesundheitlichen Schaden daran genommen. Auf uns Eltern will er nicht hören. Dich, mein Freund, dagegen betrachtet er als eine anerkennenswerte Autorität. Könntest du ihm nicht zureden, damit er von seiner üblen Schleckerei ablässt?»

Der Gast hörte aufmerksam zu, sagte aber kein Wort.

Als nichts geschah, wiederholte der Hausherr seine Bitte ein zweites Mal und schliesslich sogar ein drittes Mal innert einigen Wochen.

Eines Tages endlich rief der Freund des Hauses den Knaben zu sich und erklärte ihm: «Mein Junge, ich finde, du solltest nicht soviel Süssigkeiten essen, das schadet deiner Gesundheit.»

Als der Gast beim nächsten Mal zu Besuch kam, begrüsste ihn der Hausherr freudestrahlend mit den Worten: «Ein Wunder ist geschehen! Seitdem du mit meinem Sohn gesprochen hast, hat er das Naschen von Süssem völlig aufgegeben. Aber eines verstehe ich nicht», sagte der Gastgeber zu seinem Freund, «dreimal musste ich dich bitten, den Jungen zur Vernunft zu bringen. Warum hast du so lange gezögert?»

«Ganz einfach», erwiderte der Hausfreund. «Bis zur vorigen Woche ass ich selber so viel Süssigkeiten, dass ich mir gar nicht vorstellen konnte, wie ein Mensch ohne Süsses leben kann. Mit welchem Recht hätte ich von deinem Sohn verlangen und erwarten sollen, was ich selber nicht zustande brachte. Erst als ich selbst daranging, mir das Naschen abzugewöhnen, sah ich, dass es möglich ist. Und erst, nachdem ich dies mir auch bewiesen hatte, konnte ich deinen Sohn auffordern, es mir gleichzutun.»

Der träumende Schmetterling

Ein chinesischer Weiser träumte, er sei ein buntfarbiger Schmetterling. Als er erwachte, sah er sich als Mensch. Wie er über diesen wechselnden Zustand nachdachte, fragte er sich: «Bin ich ein Schmetterling, der träumte, ein Mensch zu sein, oder bin ich ein Mensch, der im Traum ein Schmetterling war?»

Wieder eins werden

Ein Engel wollte sich geistig weiterentwickeln, um einen höheren Grad von Bewusstsein zu erlangen. Um diesen Weg beschreiten zu können, sollte er zunächst menschliche Gestalt annehmen. Er bekam den Auftrag, seinen Geistleib zu halbieren und in zwei getrennten menschlichen Gestalten auf der Erde zu leben: als Frau und als Mann.

So inkarnierte das Engelwesen als «Sonnenstrahl» und als «Mondauge», als Knabe und als Mädchen, bei zwei verschiedenen Müttern. Von oben wurde für sie geplant, dass sie im Erwachsenenalter sich zueinander sehnen und, wenn sie sich gefunden haben, sich in Liebe verbinden, um wieder die ursprüngliche Einheit herzustellen.

Über viele Erdenleben lang suchten sich die beiden, begegneten sich da und dort flüchtig, um sich bald wieder zu verlieren. Eines fernen Tages erkannten sie sich endlich wieder und erinnerten sich, wer sie eigentlich waren und immer schon gewesen waren, um sich dann für immer in Liebe zu vereinen. Erst diese Erfahrung der Vereinigung der Gegensätze und der Einswerdung ermöglichte den Aufstieg in einen höheren Zustand des Bewusstseins.

Erkenne dein Selbst

Eine Frau träumte, sie wäre gestorben und befände sich vor dem Himmelstor. «Wer bist du?» fragte eine Stimme.

Die Frau nannte ihren Namen.

«Ich will nicht deinen Namen wissen, ich möchte erfahren, wer du bist.»

Sie nannte ihre Adresse.

«Ich will nicht wissen, wo du wohnst. Ich will wissen, wer du bist.»

«Ich bin katholisch», gab sie zur Antwort.

«Deine Konfession interessiert uns hier wenig. Wer bist du denn wirklich?»

«Ich bin die, welche täglich zur Kirche ging und den Armen stets Almosen spendete.»

«Ich erkundige mich nicht nach deinen Taten, sondern nach deinem wahren Sein.»

Da die Frau auf die Frage, wer sie in Wirklichkeit sei, keine befriedigende Antwort geben konnte, wurde das Himmelstor vor ihren Augen so geräuschvoll zugeschlagen, dass sie darob wie von einem gewaltigen Donnerschlag erwachte.

Von nun an dachte die Frau immer wieder über die alles entscheidende Frage nach: Wer bin ich eigentlich? Wer bin ich wirklich? Auf diese Weise gelangte sie mit der Zeit zu grossartigen Einsichten und zu tiefer Weisheit.

Auf was es ankommt

Rauchen und beten

Ein Kapuziner liess im Vatikan anfragen, ob es erlaubt sei, während des Betens zu rauchen. Was ihm denn einfalle, wurde ihm bestellt, das Gebet sei eine gottgefällige Andacht und kein weltliches Vergnügen. Zerknirscht ging der Mönch in sich und übte sich in Gehorsam.

Ein Jesuit wollte von der gleichen hohen kirchlichen Stelle wissen, ob es gestattet sei, während des Rauchens zu beten. Die Kirchenoberen zeigten sich erfreut und lobten den schlauen Priester, der sogar seine leiblichen Genüsse in den Dienst Gottes zu stellen wusste.

Was schlecht ist, ist gut

Ein chinesischer Bauer besass ein Pferd, das sein ganzer Stolz und Reichtum war. Eines Tages lief ihm das Tier davon. Vergebens suchte er tagelang die ganze Umgebung ab, doch das Pferd war nicht zu finden. Schliesslich ging der Bauer zu seinem Gemeindevorsteher und beklagte seinen Verlust. Dieser sagte nur: «Was gut ist, ist schlecht, was schlecht ist, ist gut.»

Wenig getröstet ging der Bauer davon und schickte sich widerwillig in sein Los.

Nach einigen Wochen tauchte das entlaufene Pferd wieder auf und kam von selbst in seinen Stall zurück. Erfreut ging der Bauer zum Dorfältesten und meldete die Heimkehr des Pferdes. Doch dieser wusste nichts anderes zu sagen als: «Was gut ist, ist schlecht, was schlecht ist, ist gut.»

Einige Zeit danach stellte sich heraus, dass das heimgekehrte Pferd trächtig war. Nach fast einem Jahr warf es ein gesundes Fohlen. Der Bauer war erfreut, in seinem Stall einen so prächtigen Nachwuchs bekommen zu haben. Wie das junge Tier herangewachsen war, wollte der älteste Sohn des Bauern es zureiten. Das junge Pferd liess sich dies aber nicht gefallen. Es warf den Bauernsohn ab, und dieser brach sich beim Fallen ein Bein.

Der alte Chinese ging erneut zu seinem Vorgesetzten und jammerte, sein Sohn habe mitten in der Erntezeit, wo er seiner Hilfe so dringend bedürfe, einen Unfall gehabt und liege nun untätig im Haus. Auch diesmal sagte der Älteste des Dorfes nur: «Was gut ist, ist schlecht, was schlecht ist, ist gut.»

Wenige Wochen später brach in China ein Krieg aus. Alle jungen Männer mussten an die Front. Der Sohn des Bauern aber durfte zu Hause bleiben, da er nicht gehfähig war. So wurde erneut die Wahrheit der chinesischen Weisheit offenbar: Alles hat seine zwei Seiten.

Der Ruf des Derwischs

Ein frommer Derwisch ging tief in Gedanken versunken einem Flussufer entlang. Da hörte er auf einmal vom jenseitigen Ufer den Derwischruf «U YA HU». Der Derwisch hörte genau hin und sagte sich: «Das ist doch unerhört! Der Rufer spricht die heiligen Silben ganz falsch aus. Richtig muss es heissen ‹YA HU›.»

Der Derwisch war sich bewusst, dass er als Eingeweihter diesen ungelehrigen Schüler eines Besseren zu belehren habe. Deshalb mietete er ein Boot und ruderte ans andere Ufer, dorthin, woher die Rufe kamen. Hier fand er einen jungen Mann in einem Derwischgewand vor seiner Hütte sitzend.

«Mein Freund», sagte der Ältere, «du sprichst den Gebetsruf völlig falsch aus. Es ist meine Pflicht, dich darauf hinzuweisen.» Und er machte es ihm vor, wie es sich gehörte. Denn es wird gesagt, dass derjenige, der die Gebetsformel richtig gebraucht, sogar über Wasser schreiten kann.

«Danke», sagte der andere demütig, und dieser bestieg wieder sein Boot, zufrieden mit sich, da er glaubte, eine gute Tat vollbracht zu haben.

Kaum war der Derwisch wieder an Land gestiegen, hörte er erneut die Stimme seines Schülers: «U YA HU». Während er sich über die Ungelehrsamkeit des Jünglings aufregte, sah er plötzlich, wie dieser, vom anderen Ufer herkommend, über das Wasser des Flusses wandelte. Starr vor Staunen liess der fromme Derwisch den anderen an sein Ruderboot herantreten und hörte ihn sagen:

«Bruder, entschuldige, wenn ich dich noch einmal belästige, aber ich bin zu dir gekommen, um dich zu bitten, mir noch einmal die richtige Betonung des Ausrufes zu nennen, denn ich kann sie nur schwer behalten.»

Die Leute von Athen

Ein fremder Reisender fragte einen griechischen Weisen im Vorbeigehen: «Sag mir, wie sind die Leute in Athen? Kann man mit ihnen auskommen, und kann man ihnen vertrauen?»

Der Grieche sagte zum Fremden: «Sag du mir zuerst, woher du kommst und was dort für Leute leben.»

Der Reisende meinte widerwillig: «Ich komme aus Argos. Dort sind die Menschen unmöglich. Sie lügen und stehlen, fluchen und schimpfen fortwährend. Ich bin heilfroh, nicht mehr dort leben zu müssen.»

«Schade, junger Mann», sagte der Weise, «dass ich dich enttäuschen muss. Du wirst die Leute in Athen genauso widerlich finden wie jene von Argos.»

Wenig später kam ein anderer Reisender auf dem gleichen Weg zu dem griechischen Weisen und fragte diesen: «Wie sind denn die Leute von Athen?»

Als der Grieche sich auch bei diesem nach dessen Herkunft und den dortigen Bewohnern erkundigte, meinte dieser: «Ich komme gerade von Argos. Die Leute dort sind anständig und freundlich, man kann gut mit ihnen auskommen. Eigentlich bin ich ungern von dort weggezogen.»

Nun lächelte der Weise und meinte: «Junger Freund, ich freue mich, dir mitteilen zu können, dass die Leute von Athen genauso sind wie jene von Argos. Du wirst dich bald bei ihnen zu Hause fühlen.»

Die zwei Traumdeuter

Ein arabischer Scheich träumte, es seien ihm alle Zähne nacheinander ausgefallen. Beunruhigt liess er einen Traumdeuter kommen und wollte von ihm wissen, was sein Traumgesicht zu bedeuten habe.

Dieser besann sich eine Weile und sagte: «Leider muss ich dir ankündigen, du wirst, so wie du deine Zähne verloren hast, nacheinander alle deine Verwandten und Angehörigen verlieren.»

Erbost ob dieser unheilvollen Auslegung, liess der Scheich den Traumdeuter ins Gefängnis werfen. Dann befahl er einen anderen Traumdeuter herbei und erzählte jenem seinen Traum.

Dieser verkündete dem Herrscher: «Ich bin erfreut, dir verkünden zu können, dass du älter werden wirst als alle deine Verwandten und Angehörigen. Du wirst sie dank deines hohen Alters alle überleben.

Der Scheich war erfreut ob dieser Deutung und belohnte den weisen Mann königlich.

Die Hofbeamten indes wunderten sich über die ungleiche Behandlung der beiden Traumdeuter und fragten ihren Gebieter: «Du hast doch den beiden den gleichen Traum erzählt. Warum hast du den einen bestraft und den anderen belohnt?»

«Gewiss war es der gleiche Traum. Es kommt aber nicht bloss darauf an, was man sagt, sondern auch, wie man es sagt.»

Die Frau am Ufer

Zwei Mönche gingen in Tibet über Land. Wie sie an einen Flusslauf kamen, trafen sie dort eine junge Frau, die an das andere Ufer wollte, sich wegen des reissenden Wassers aber nicht getraute hindurchzuwaten. So nahm der jüngere der beiden Männer kurzentschlossen die zaghafte Frau auf seinen Rücken und trug sie über den Fluss, um sie dann ihres Weges ziehen zu lassen. Auch die beiden frommen Lamas zogen weiter. Ganz gegen seine Gewohnheit blieb der ältere der beiden seltsam wortkarg und mürrisch. Irgendein Kummer schien ihn zu bedrücken.

«Was hast du, dass du so unwirsch und einsilbig bist?» wollte endlich der jüngere Mönch wissen.

Da gab ihm sein Begleiter vorwurfsvoll zurück: «Du weisst doch, dass es uns verboten ist, eine Frau zu berühren! Wie konntest du es wagen, jenes Mädchen auf deinem Rücken über den Fluss zu tragen?»

Der junge Lamapriester entgegnete mit ruhigem Gewissen: «Ich habe ohne böse Absicht die hilflose Frau hinübergetragen und sie am anderen Ufer wieder abgesetzt, du aber trägst sie immer noch.»

Diamanten statt Wasser

Ein Wanderer schleppte sich durch den Sand der Wüste. Von Durst geplagt, von Hunger gequält, kam er nur mühsam voran unter der sengenden Sonne. Da sah er auf einmal in der Ferne ein Glitzern. «O Wunder! Das muss Wasser sein», rief er erfreut aus.

Mit letzter Anstrengung taumelte der Wanderer zu der vermeintlichen Wasserstelle, um dort enttäuscht festzustellen, dass es nur ein paar grosse Diamanten waren, die da in der Sonne funkelten. Der ganze Reichtum dieser kostbaren Steine nützte ihm nichts. Ein paar Wassertropfen wären ihm lieber gewesen.

Der stolze Hirsch

Es war einmal ein prächtiger Hirsch, ein Vierzehnender. Er war sehr stolz auf sein mächtiges Geweih, doch schämte er sich seiner langen, dünnen Beine. Immer wieder dachte er bei sich: «Wenn ich doch nur solche Beine hätte, wie ich eine Krone habe, so stämmig und kräftig; ich wäre wahrhaftig der König des Waldes.»

An einem Herbsttag sah sich der Hirsch auf einer Waldlichtung unversehens einem Jäger gegenüber, der gerade sein Gewehr auf ihn anlegte. Noch rechtzeitig nahm der Hirsch einen gewaltigen Satz ins Gebüsch, ehe der Schuss krachte. Doch das, worauf er bis anhin so stolz war, wurde ihm beinahe zum Verhängnis, denn er blieb mit seinem wuchtigen Geweih immer wieder im Gestrüpp des Unterholzes hängen. Was ihn aber rettete, waren seine langen, dünnen Beine, die er bis anhin nie geschätzt hatte.

Der junge Schmetterling

Vor Jahren ging ein Mann über Feld. An einem Strauch beobachtete er einen jungen Schmetterling, wie dieser gerade sich abmühte, seiner engen Puppenhülle zu entschlüpfen. Um dem Tierchen die ganze Quälerei zu ersparen, nahm der Mann sein Taschenmesser zur Hand und schnitt die Puppe vollends auf. Da fiel der Falter, bevor er genügend Zeit fand, seine Flügel zu spannen und zu entfalten, ins Gras und starb.

Hätte der vermeintliche Tierfreund in das natürliche Geschehen nicht eingegriffen, wäre das Tierchen am Leben geblieben.

Die drei Wanderer

Drei Wanderer überquerten im kalten, harten Winter ein hohes Gebirge. An einer vereisten Stelle des schneeverwehten Weges rutschte der eine aus und stürzte einen steilen Abhang hinunter, wo er mit gebrochenem Bein an einem Baumstrunk hängenblieb. Seine beiden unversehrten Kameraden berieten nun, was zu tun wäre. Der eine, darauf bedacht, seine eigene Haut zu retten, war dafür, den Verunfallten einfach liegenzulassen, dem sei doch nicht mehr zu helfen bei der grimmigen Kälte und ohne Fahr- oder Traggelegenheit. Es wäre besser, so meinte er, sich schleunigst davonzumachen, um noch vor Einbruch der Dunkelheit über den Grat zu kommen. Nicht so der andere. Dieser entschloss sich, dem verletzten Kameraden zu helfen; denn ihn einfach so hilflos erfrieren zu lassen, brachte er nicht übers Herz. Während sein Kumpan, herzlos und selbstsüchtig, wie er war, im hohen Schnee davonstapfte, kämpfte er sich im Alleingang zum Verunglückten vor und schleppte ihn mühsam den Abhang hinauf. Wie er den sicheren Weg erreichte, nahm er den Geretteten auf seinen Rücken. Unter der schweren Last und bei der Anstrengung des nun folgenden Marsches erhitzte er sich derart, dass er nicht nur seinen Körper, sondern auch jenen seines Freundes mächtig erwärmte und beiden die beissende Kälte immer weniger anhaben konnte. Ihren Weggefährten aber, der vorzeitig das Weite suchte, in der Absicht wenigstens sein eigenes Leben zu retten, fanden sie nach Stunden erfroren im Schnee liegen.

Der einzige Sohn

Drei Frauen holten an einem Brunnen ihr Trinkwasser. Bevor sie den Heimweg antraten, setzten sie sich unter einen schattigen Baum zu kurzer Plauderei. Ein älterer Mann, der in der Nähe war, lauschte ihrem Gespräch.

«Mein Sohn», rühmte die eine Frau voll Stolz, «ist so flink und geschickt, dass es ihm keiner gleichtut.»

«Mein Junge», prahlte die zweite, «hat eine wunderbare Stimme. Er singt so hell und klar wie eine Nachtigall. Keiner könnte es mit ihm aufnehmen.»

«Und worin ist dein Bub besonders tüchtig?» wurde die dritte der Frauen gefragt.

«Ich wüsste nicht, wofür ich ihn besonders loben sollte», gab sie bescheiden zurück.

Nach einer Weile nahmen die drei Mütter ihre Wasserkrüge auf, um sie nach Hause zu tragen. Auf halbem Weg legten sie erneut eine Rast ein. Da kamen ihnen die drei Söhne entgegen. Der erste vollführte einige tolle Luftsprünge, um die drei Frauen in Erstaunen zu versetzen.

«Welch ein prächtiger Junge!» riefen die Frauen.

Der zweite Sohn gab ein Lied zum besten, und die Mütter lauschten mit Entzücken.

«Welch ein Sohn!» sagten sie voll Bewunderung.

Der dritte Sohn tat nichts Besonderes. Er ergriff den Wasserkrug seiner Mutter und trug ihn dem Dorfe zu.

Nun wollten die drei Mütter vom alten Mann, der ihnen gefolgt war, wissen, welcher der tüchtigste der drei Söhne sei.

«Was redet ihr von drei Söhnen?» meinte der Alte, «ich sehe nur einen einzigen Sohn, nämlich den mit dem Wasserkrug.»

Was du tust, das tue ganz

Ein Zen-Mönch wurde gefragt, warum er trotz seiner vielen Aufgaben und täglichen Verpflichtungen immer so ruhig und gelassen sein könne. Er antwortete: «Wenn ich liege, dann liege ich. Wenn ich sitze, dann sitze ich. Wenn ich stehe, dann stehe ich. Wenn ich gehe, dann gehe ich. Wenn ich laufe, dann laufe ich.»

«Das tun wir doch auch», meinten die Fragenden.

«Nein, das tut ihr eben nicht», entgegnete der Mönch. «Wenn ihr liegt, dann sitzt ihr schon. Wenn ihr sitzt, dann steht ihr schon. Wenn ihr steht, dann geht ihr schon. Wenn ihr geht, dann lauft ihr schon und wollt schon am Ziele sein. Das ist der wahre Grund für eure ständige Unrast.»

Der Regenmacher

In einem chinesischen Dorf und in seiner Umgebung hatte es während Monaten nicht mehr geregnet. Die Pflanzen serbelten dahin, die Tiere gingen ein, und auch die Menschen befanden sich deswegen im Elend. In der höchsten Not erinnerte sich einer der Dorfältesten an den Regenmacher, der in den Bergen wohnte. Eine Gruppe von Männern machte sich auf. Sie fanden den Eremiten in einer einsamen Behausung hoch oben auf einem Berg. Auf einer Sänfte trugen sie ihn ihrem Dorfe zu: ein altes, weises Männchen. Vor dem Dorf wünschte der Regenmacher, in einer kleinen Hütte allein gelassen zu werden. Und so geschah es. Am dritten Tage regnete es wie in Strömen.

Voll staunender Bewunderung gingen die Dorfbewohner zu ihm hin und wollten wissen: «Wie hast du den Regen gemacht.»

«Natürlich habe ich den Regen nicht gemacht», gab der Alte zurück. «Seht, es war so: Als ich hierher gebracht wurde, da spürte ich, wie die ganze Natur nicht mehr im Gleichgewicht war. Sie war nicht mehr im Tao. Alles befand sich im Zwiespalt von Yin und Yang. Es war furchtbar für mich. In den drei Tagen meiner Stille und Zurückgezogenheit versuchte ich zunächst, mich selbst wieder in die Harmonie zu bringen, dann ebenso die Pflanzen und die Tiere und schliesslich die Menschen. Wie mir dies gelungen war, hat es natürlich geregnet, denn Regen und Sonnenschein gehören zusammen im rhythmischen Wechsel wie Tag und Nacht, wie Hell und Dunkel.»

Der passende Anzug

Ein Mann ging in ein Kleidergeschäft, um sich neue Kleider zu kaufen. Die Verkäuferin brachte ihm einen Anzug, der nicht passen wollte.

«Die linke Schulter ist zu hoch», meinte der Mann, als er sich im Spiegel betrachtete.

«Dann heben Sie doch Ihre Schulter ein wenig an.»

«Ja gut, aber jetzt steht der Veston zu weit über die rechte Hüfte hervor.»

«Dann schieben Sie doch Ihre rechte Hüfte etwas nach links.»

«Na schön. Aber jetzt ist das linke Hosenbein zu kurz.»

«Nun knicken Sie das Bein im Knie etwas ein.»

Von der Verkäuferin so zurechtgerückt, ist der Mann endlich überzeugt, dass der Anzug ihm passt, und er entschliesst sich zum Kauf.

Er verlässt den Laden im neuen Anzug. Zwei Frauen sehen ihn, wie er herauskommt. Da sagt die eine zur anderen: «Sieh dir mal den armen Kerl an. Er ist so verwachsen, ein wahrer Krüppel.»

«Das stimmt», meinte die andere, «aber der Anzug sitzt ihm wie angegossen.»

So kann es einem ergehen, wenn er sich immer und überall anpasst.

Die fremden Schuhe

Ein Lehrer, der nur ein paar Schuhe besass, bat den Schuster, diese auszubessern, während er darauf warten würde. «Es ist bereits Feierabend», sagte der Schuhmacher. «Sie können Ihre Schuhe in zwei Tagen wieder abholen.»

«Das geht nicht», entgegnete der Kunde, «ich habe nur dieses eine Paar, und ohne Schuhe kann ich doch nicht davongehen.»

«Also gut, ich leihe Ihnen inzwischen ein Paar gebrauchte und etwas abgetretene Schuhe.»

«Was denken da wohl meine Schüler, wenn ich mit fremden Schuhen vor ihnen stehe; das wäre ja lächerlich.»

«Was haben Sie gegen fremde Schuhe an Ihren Füssen? Es macht Ihnen doch auch nichts aus, mit fremden Gedanken im Kopf vor Ihrer Schulklasse zu stehen. Oder finden Sie das auch lächerlich?»

Der marmorne Elefant

Ein berühmter Bildhauer hatte einen Lehrling, der wegen seiner ungesunden Lebensweise immer wieder sich krank meldete. Eines Tages befahl ihm der Meister: »Hau mir aus diesem rohen Marmorblock einen Elefanten!»

Der Lehrbub zögerte und zauderte: «Das kann ich doch nicht.»

Der Meister beharrte auf seiner Weisung und forderte den Schüler auf: «Nimm Hammer und Meissel und hau alles weg, was nicht zum Elefanten gehört! Dann hast du den Elefanten.»

Nach einer Weile fügte der weise Lehrmeister hinzu: «So ist es auch mit der Gesundheit. Nimm all dein Sinnen und Denken zusammen und lass alles weg, was nicht zur Gesundheit gehört, dann bist du gesund.»

Die Katze anbinden

Ein indischer Meister pflegte jeden Morgen mit seinen Schülern auf dem Balkon des Ashrams zu meditieren. Eines Tages lief eine kleine Katze zu. Weil das Tierchen offensichtlich haus- und heimatlos war, fand es dort Obdach und Nahrung.

Jedesmal, wenn die frommen Männer sich zum Gebet niederliessen, lief die Katze herbei und wollte, dass man mit ihr spiele. Das störte die Meditierenden sehr. Nun empfahl der Meister dem jüngsten der Chelas, er möge jeweils vor dem Beten die Katze einfangen und anbinden. Dies tat er, und von nun an blieben die Betenden unbehelligt.

Als der Guru starb, hielten es seine Jünger weiterhin so: zuerst die Katze anbinden, dann beten. Und wie die Katze starb, konnten sie nicht mehr beten, bis sie eine neue Katze fanden, die sie vor dem Gebet anbinden konnten.

Wie oft binden auch wir die «Katze» an in unserem religiösen Tun?

Der reumütige Dieb

Eine Frau ging am späten Abend allein nach Hause. In einer wenig beleuchteten Strasse wurde sie von einem jugendlichen Dieb überfallen, der ihr die Handtasche entriss. Dann rannte dieser davon. Die bestohlene Frau wandte sich dem Flüchtenden zu und rief ihm mit erhobener Hand nach: «Gott segne Sie, Gott segne Sie!»

Plötzlich blieb der junge Mann stehen, drehte sich um und kehrte beschämt zur Frau zurück. «Entschuldigen Sie», stammelte er verlegen, «ich wusste mir nicht mehr anders zu helfen. Seit Tagen habe ich nichts mehr Rechtes gegessen, und ich weiss auch nicht, wo ich heute übernachten soll.»

«Wieviel sollten Sie denn haben?» fragte die Frau voller Mitleid.

Der junge Mann nannte einen bescheidenen Betrag, und die Frau gab ihm diesen aus der zurückerstatteten Handtasche, und beide gingen beschenkt und als Freunde auseinander.

Die Entfernung zwischen zwei Menschen

In einem Gespräch unter Freunden wurde die Frage aufgeworfen: Wieviel Zeit braucht es, um die Entfernung zwischen zwei Menschen zu überbrücken?

Der eine meinte: «Soviel, wie ein Baum braucht, um reife Früchte zu tragen.»

Ein anderer schlug vor: «Soviel, wie eine Blume benötigt, um ihre Blütenkelche zu öffnen.»

Da sagte der dritte: «Es braucht viel weniger Zeit, als ihr glaubt. Ein einziges Lächeln genügt.»

Verlust wird zum Gewinn

Einer jungen Frau, die zufolge ihrer schweren Liebesenttäuschung sehr traurig und niedergeschlagen war, erzählte der Meister folgende Geschichte:

«Ein Vogel suchte jeden Tag Schutz und Sicherheit in den kahlen Ästen eines dürren Baumes in einer weiten, ausgetrockneten Ebene. Eines Nachts wurde dieser Baum von einem heftigen Windsturm geknickt, und seine Zweige lagen weitherum am Boden zerstreut. So war der Vogel nun gezwungen, meilenweit zu fliegen, bis er auf einer grünen Wiese einen lebensfrischen und früchteschweren Baum fand, auf dem er Unterschlupf und Zuflucht fand.

Wäre der verdorrte Baum stehengeblieben, hätte den Vogel nichts bewogen, seinen armseligen Zufluchtsort aufzugeben und diesen zu verlassen.»

Das kleinste Licht

«Die Welt wird immer schlechter, das Gute wird vom Bösen völlig erdrückt», sagte eine Frau zu ihrer Nachbarin.

«Wer edel denkt, den nimmt man nicht ernst. Er befindet sich auf verlorenem Posten», bestätigte ihr Mann.

«Wer an das Gute glaubt, gilt als Sonderling und Aussenseiter», ergänzte der Nachbar.

Da kam ein Mann vorbei und hörte das Lamentieren der Leute. «Redet nicht so schwarzseherisch», mischte er sich ein. «Statt über die Dunkelheit zu klagen, solltet ihr ein Licht anzünden. Denn seht: stets geht das Licht in die Dunkelheit und niemals die Dunkelheit ins Licht. Selbst die grösste Finsternis vermag das kleinste Licht nicht auszulöschen. So ist das Schwache und Kleine auf der Seite des Guten widerstandsfähiger, als das Grosse und Starke auf der Seite des Schlechten.»

Die Leute, die diese Worte hörten, schwiegen und gingen nachdenklich nach Hause.

Der königliche Löwe

Ein König beauftragte einen berühmten Maler, seinen Thron mit einem goldenen Löwen zu verzieren. Der Künstler nahm den Auftrag dankend an und war ein Jahr lang nicht mehr zu sehen. Der König wurde ungeduldig und liess den Maler durch einen Abgesandten fragen, wann endlich das bestellte Werk ausgeführt werde.

«Ich bin noch nicht fertig mit meinen Vorbereitungen», liess der Künstler seinen Herrscher wissen.

Auch nach Ablauf eines zweiten Jahres geschah noch nichts. Erst als drei Jahre vergangen waren, meldete sich der Maler im Königshaus, und innert drei Tagen war das Werk vollendet.

«Dein Löwengemälde ist grossartig», anerkannte der König huldvoll, «doch wieso hast du mich drei Jahre darauf warten lassen?»

«Kommt in meine Werkstatt, und Ihr werdet mich verstehen.»

So begab sich der König mit seiner Gefolgschaft in das Atelier des Künstlers. Dieses erschien dem königlichen Besucher wie ein Löwenkäfig. An allen Wänden hingen Löwenbilder. Auf den Tischen und am Boden lagen Skizzen, Entwürfe und Studien von Löwen herum. Wo der König hinschaute, sah er nichts als lauter Löwengebilde.

Da befahl der König seinen Dienern, alles bemalte Papier zusammenzutragen, um es mit purem Golde aufzuwiegen. Denn er hatte erkannt, dass er nicht die Arbeit von drei Tagen, sondern die Arbeit von drei Jahren zu begleichen hatte.

Das Schwache ist stark

Zwei türkische Derwische befanden sich auf einer Bettelreise. Der eine war von Natur aus schwächlich, und er nahm nur alle zwei Tage eine karge Mahlzeit zu sich. Der andere aber war kräftig und stärkte sich dreimal am Tag durch ein üppiges Mahl.

Eines Tages wurden die beiden von den Soldaten des Sultans aufgegriffen. Weil man sie für Spione hielt, wurden sie ins Gefängnis geworfen. Der Gefängniswärter vergass jedoch, die zwei seltsamen Landstreicher mit Nahrung zu versorgen. Als man sich nach zwei Wochen ihrer erinnerte, fand man den Starken tot, den Schwachen aber bei guter Verfassung.

Als die Leute sich darüber wunderten, meinte der weise Berater des Sultans: «Das ist gar nicht verwunderlich. Der Starke war ein Vielfrass und war daher nicht imstande, vierzehn Tage zu fasten, obwohl dies ihm gut getan hätte; der Schwache jedoch war seit jeher gewohnt, mit wenig auszukommen, und deshalb hat er überlebt.

So erwies sich wieder einmal mehr: das Schwache ist oft stärker als das Starke, und das Starke ist oft schwächer als das Schwache.»

Wann wird es Tag?

Ein Weiser wurde von seinen Schülern gefragt: «Wie kann man den Zeitpunkt bestimmen, da die Nacht schwindet und der Tag beginnt? Ist es dann, wenn man von weitem ein Schaf von einem Hund unterscheiden kann?»

«Nein, das ist es nicht», sagte der Meister.

«Ist es dann, wenn man im dämmrigen Morgengrauen einen Apfelbaum von einem Birnbaum auseinanderhalten kann?»

«Auch das ist es nicht», gab der Eingeweihte zurück.

«Wann ist es denn?» wollten seine Jünger wissen.

«Es ist dann», sagte der Wissende, «wenn ihr in das Angesicht irgendeines Menschen schaut und darin eure Schwester oder euren Bruder erkennt. Dann wird es Tag, und die Finsternis schwindet. Solange dies nicht geschieht, ist es Nacht auf unserer Erde.»

Ich trage meinen Bruder

Ein Mädchen war auf dem Wege nach Hause. Auf dem Rücken trug es ein kleines Kind. Ein Mann, der den beiden begegnete, sagte zum Mädchen: «Da trägst du aber eine schwere Last.»

Das Mädchen antwortete: «Mein Herr, ich trage nicht eine Last, ich trage meinen Bruder.»

Weise Frage – weise Antwort

Der chinesische Weise Kung-tse begegnete zwei Knaben, die miteinander stritten.

«Am Morgen ist die Sonne näher», behauptete der eine, «denn bei ihrem Aufgang ist sie grösser, und alles, was uns grösser erscheint, ist uns auch näher.»

«Nein, ganz und gar nicht», beteuerte der andere. «Am Mittag ist sie uns näher; denn am Morgen leuchtet sie nur, am Mittag aber brennt sie wie Feuer. Je heisser ein Feuer brennt, desto näher ist es.»

«Was meinst du dazu, weiser Mann, ist die Sonne uns am Morgen näher oder am Mittag?» wollten die beiden nun vom Philosophen erfahren.

Kung-tse schüttelte den Kopf: «Ich kann nichts dazu sagen, denn diese Frage begegnete mir bis anhin nie. Wie soll ich weise antworten, wenn vorher nicht weise gefragt wird?»

Die Wassermelone

Es war einmal ein Mann, der sich in das Land der Narren verirrte. Dort begegnete er Leuten, die vor Schrecken von ihren Feldern flohen, wo sie Weizen anbauen wollten. «Im Feld ist ein Ungeheuer mit einem riesigen, runden Kopf», erzählten sie ihm. Der Fremde schaute in das Feld und sah eine Wassermelone. Da anerbot er sich, das Ungeheuer zu töten. Er schnitt die Frucht ab und fing an, diese vor ihren Augen genüsslich zu verspeisen. Nun bekamen die Leute noch eine viel grössere Angst vor ihm, als sie vorher vor dem rundlichen Ungeheuer empfanden. Sie schrien: «Als nächstes wird er auch uns töten. Wir müssen schauen, ihn schleunigst loszuwerden.» Und so jagten sie ihn aus ihrem Dorfe hinaus.

Lange Zeit danach kam wieder ein Fremder in diese Gegend. Immer noch erzählte man sich hier die Geschichte von dem Ungeheuer. Die Dorfbewohner getrauten sich kaum, ihre Äcker zu bestellen. Der Fremdling stimmte ihnen zunächst zu und tat so, als hätte er selber auch Angst vor dem Ungeheuer. Auf diese Weise gewann er langsam ihr Vertrauen. So lebte er lange Zeit bei diesen einfachen Menschen, bis er ihnen schliesslich beibringen konnte, dass jenes gefürchtete Ungeheuer eigentlich eine schmackhafte Frucht ist. Und er lehrte sie, Wassermelonen in ihren Äckern anzubauen.

Blind, taub und stumm

«Wer ist blind?» fragte ein Schüler seinen Meister.
«Wer ausser sich selbst niemanden beachtet.»
«Wer ist stumm?» wollte ein anderer wissen.
«Wer zur rechten Zeit nichts Liebes sagen mag.»
«Wer ist taub?» war die Frage des dritten.
«Wer auf seine innere Stimme nicht hört.»

Nur eine Frage

Ein europäischer Forscher hat während mehr als zehn Jahren nach einem Weg gesucht, wie man aus Wasser echtes Petroleum herstellen könnte. Schliesslich glaubte er sich fast am Ziel, und er war überzeugt, dass ihm nur noch eine einzige Substanz fehlte. Die chemische Formel hierzu aber vermochte er nicht zu finden. Eines Tages hörte er von einem sehr gebildeten Mönch in einem tibetanischen Kloster, der offensichtlich die gesuchte Formel kannte. Wer aber zu jenem seltsamen Mann gelangen und bei ihm vorsprechen wollte, der musste vorerst drei Bedingungen erfüllen: Er musste den gefahrenvollen Weg dorthin allein zurücklegen. Ausserdem sollte er zu Fuss reisen, und schliesslich durfte er jenem Mönch nur eine einzige Frage stellen.

So machte sich der Europäer auf und war wochenlang unterwegs von Nepal über den Himalaja nach Tibet. Er nahm zahlreiche Entbehrungen auf sich, bestand viele Strapazen und entkam zahllosen Gefahren. Als er endlich am Ziel seiner Reise war, stellte er fest, dass ihn nicht, wie erwartet, ein alter

Lamapriester empfing, sondern eine bildhübsche junge Frau in einer Mönchskutte. Diese lächelte den Fremden freundlich an und sagte mit einer seltsam verführerischen Stimme: «Seid willkommen! Ihr habt den beschwerlichen Weg überwunden und mein Verlies gefunden. Sagt, wie lautet eure Frage?»

Zu seinem eigenen Erstaunen fiel dem wissensdurstigen Mann nichts anderes ein als die Frage: «Schöne Frau, seid ihr schon verheiratet?» Da ihm keine zweite Frage erlaubt wurde, war sein ganzes bisheriges Bemühen umsonst.

Das folgerichtige Handeln

Im alten Indien geriet ein Minister in Ungnade und wurde von seinem König in einen hohen Turm geworfen, aufdass er dort langsam verhungere. Der Minister aber hatte eine treue Frau. Diese kam des nachts heimlich zum Turm und rief zu ihrem Mann empor: «Sag mir, Liebster, wie kann ich dir helfen?» Der Gefangene gab ihr folgende Anweisung: «Wirf mir eine kleine Dose voll Honig herauf. Dann fange eine Biene ein und hefte an einen ihrer Hinterfüsse einen zarten Seidenfaden.»

Die Frau tat, wie ihr Mann es wünschte. Nun strich der Gefangene ein wenig Honig auf die Fensteröffnung seines Verliesses. Die eingefangene Biene roch den Honig und kroch die Mauer empor und zog den Faden hinter sich her. Wie das Tierchen oben ankam, nahm der Verurteilte den Faden zur Hand und forderte seine Frau auf, am unteren Ende desselben eine Schnur zu befestigen. So zog er die Schnur zu sich empor. Dann liess er ein Seil daran festbinden und hob dieses zu sich herauf. Schliesslich knüpfte seine Frau an das Seilende eine Strickleiter, mit deren Hilfe sich der Verfemte in die Freiheit retten konnte.

Wege nach innen

Der Goldschatz unter der Ofenbank

Rabbi Eisik, der später ein berühmter Lehrer der jüdischen Geheimlehre des Chassidismus wurde, lebte in jungen Jahren in der polnischen Stadt Krakau. Eines Nachts träumte er, unter einer steinernen Brücke in Prag läge ein Goldschatz vergraben. Begierig, diesen zu heben, machte er sich anderntags auf und reiste in die tschechische Hauptstadt. Dort angekommen, machte er sich sogleich auf die Suche. Am dritten Tag fand er schliesslich die Brücke, von der er träumte. Da diese aber bewacht war, schlich er weitere drei Tage vorsichtig um sie herum, reiflich überlegend, wie er an seinen Goldschatz herankommen könnte.

Nun stellte ein wachhabender Soldat ihn zur Rede: « Was suchst du hier?»

Verlegen gestand der Rabbi: «Ich träumte, unter dieser Brücke sei ein Goldschatz vergraben, den wollte ich mir holen.»

Da lachte der Wachsoldat: «Seltsam, vor drei Nächten träumte ich von einem Juden aus Polen, der hier in Prag einen geheimen Schatz sucht. Er sollte zu Hause unter seiner Ofenbank graben, denn dort liegt der Goldschatz verborgen.»

Später, als Rabbi Eisik ein grosser Gelehrter war, mahnte er einen jeden: «Wenn du einen wertvollen Fund machen willst, dann grabe bei dir selber!»

Und Brahma sprach

Eine alte indische Legende erzählt, dass es eine Zeit gab, wo alle Menschen Götter waren. Aber diese missbrauchten ihre Göttlichkeit, so dass Brahma, die oberste Gottheit, sich entschloss, den Ungehorsamen die Macht der Götter zu entziehen und an einem unauffindbaren Ort zu verbergen. Das grosse Problem aber war, ein sicheres Versteck zu finden, wo die Menschen ihre verlorene Göttlichkeit nicht so rasch finden sollten. Brahma rief all seine ihm treu gebliebenen Geistwesen zu einer Versammlung zusammen, um das Problem zu lösen, und sie machten folgenden Vorschlag: «Vergraben wir die Göttlichkeit unter die Erde.»

Doch der Allmächtige antwortete: «Nein, dies genügt nicht. So wie ich die Menschen kenne, werden sie die Erde umpflügen, sie aufwühlen und sie durchbohren, um nach Gold und Silber und anderen Schätzen zu suchen.»

Da empfahlen einige Devas: «Werfen wir ihre Göttlichkeit in die Tiefen des Ozeans.»

Der Göttervater aber widersprach: «Das geht nicht, denn früher oder später wird der Mensch in die Tiefen der Meere tauchen, um sie zu durchsuchen und zu erforschen.»

Schliesslich gestanden die einberufenen Engelwesen: «Wir wissen nicht, wo wir die Göttlichkeit verbergen könnten, denn es scheint so, dass weder unter der Erde noch im Meer ein Ort ist, wo der Mensch nicht hinkommt.»

Da sprach Brahma: «Wir verbergen die menschliche Göttlichkeit in das innerste Wesen des Menschen, denn dies ist der einzige Ort, wo er nie denkt, sie zu suchen.»

Seit dieser Zeit rennen und hasten die Menschen umher, steigen auf die höchsten Höhen und tauchen in die tiefsten Tiefen, stellen alles auf den Kopf und bringen so manches durcheinander, um nach dem zu suchen, was sie doch nur in sich selber finden können.

Wie eine Perle wächst

Ein Sandkorn fiel ins Meer. Verzweifelt suchte es sich aus den andrängenden Wellen zu befreien. Aber diese rissen es unerbittlich mit sich fort. Bald trugen die Wogen das Sandkorn hoch hinauf, und weisser Schaum liebkoste es, dann wieder zogen sie es hinab in die bodenlose, lichtlose Tiefe. Jeden Augenblick glaubte das Sandkorn erdrückt und zermalt zu werden. Da hörte es auf einmal eine Stimme: «Rasch, komm in mein Haus, hier bist du sicher!» Das Sandkorn folgte blindlings dem rettenden Ruf, und alsbald schloss sich hinter ihm die Schale einer Muschel. Anfangs schmiegte es sich dankbar in die weiche Geborgenheit. Aber allmählich begann es zu begreifen, dass diese Sicherheit zugleich der Verlust seiner Freiheit bedeutete.

So bat das Sandkorn die Muschel: «Bitte, lass mich wieder los.»

Die weise, alte Muschel aber sagte: «Solange du dich widerspenstig auflehnst gegen dein Schicksal, wirst du deine Ohnmacht schmerzlich erfahren. Nimm dein Geschick, das es gut mit dir meint, willig an. Wenn du in Geduld ausharrst, wirst du von innen her immer mehr dich festigen, und eines Tages wirst du kostbarer sein, als du ehemals warst.»

So schickte sich das Sandkorn in sein Los und lebte fortan still und ohne Klage im Muschelhaus. Mit der Zeit stellte es an sich fest, dass es grösser, rundlicher und heller wurde.

Eines Morgens sah es vor der spaltbreit geöffneten Muschel etwas Weisses im Wasser schwimmen. Es war die Hand einer Perlentaucherin, welche die Muschel ergriff. Bald danach lag sie auf einem Tuch am Strand. Die flinken Hände der Mädchen brachen die erbeuteten Muscheln auf. Auf einmal rief eine der Taucherinnen: «Schaut her, ich habe eine wunderschöne Perle in dieser Muschel gefunden!»

Das Sandkorn, das sich ehemals durch nichts unterschied von den abertausend Sandkörnern auf dem Meeresgrund, war nun zu einer kostbaren Perle geworden, dadurch, dass es sein Schicksal willig annahm.

Das Tor geht nach innen auf

Ein Mensch versuchte während der ganzen Nacht im Finstern ein Tor nach aussen aufzustossen, weil er dachte, dahinter liege das Land seiner Freiheit. Schliesslich fiel er ermüdet und ermattet nieder und schlief ein. Wie er am anderen Morgen erwachte, merkte er, dass jenes Tor nach innen aufgeht.

Die verlorene Nadel

Eine arabische Frau namens Rabija suchte eines Abends auf der Strasse vor ihrem Haus etwas. Die Leute, die vorbeikamen, erkundigten sich: «Rabija, was suchst du?»

«Ich habe meine Nähnadel verloren.»

Nun halfen die Herbeigekommenen beim Suchen. Doch die vermisste Nähnadel war nicht zu finden. Nach einer Weile fragte ein Nachbar: «Rabija, kannst du etwas genauer angeben, wo du deine Nadel verloren hast. Die Strasse ist weit und breit. Vielleicht suchen wir an der falschen Stelle.

«Drinnen im Haus hab' ich sie verloren.»

Recht aufgebracht gab der Fragende zurück: «Ja, warum suchst du denn draussen auf der Strasse, wenn du deine Nähnadel drinnen im Haus verloren hast?»

«Weil hier unter der Lampe Licht ist. In meinem Haus gibt es keine so helleuchtende Lampe.»

«Wir sollten deine Nadel nicht dort suchen, wo mehr Licht ist, sondern dort, wo du sie verloren hast», sagten die umstehenden Leute.

Da lachte die Araberin hell auf: «Was seid ihr doch für kluge Menschen! Wenn es um eine Nadel geht, wisst ihr sogleich, wo zu suchen ist. Wenn es aber um euer wahres Glück und Heil geht, da sucht ihr ausserhalb, statt drinnen in euch. Dort allein findet ihr, was ihr ständig sucht.»

Die alte Schatztruhe

Ein Mann hauste in einer armseligen Hütte. Die meiste Zeit kauerte er in einer Ecke seines engen Wohnraums, hungerte und fror dort vor sich hin und beklagte sein schweres Schicksal. Von Zeit zu Zeit aber stieg er des Nachts, wenn ringsherum alles dunkel war und er sich von niemandem beobachtet glaubte, auf einer wackeligen Leiter in ein kellerartiges Verlies hinunter. Dort hatte er in einer alten Truhe eine beträchtliche Menge an Gold- und Silbermünzen versteckt. Mit Wonne wühlte er im gleissenden, glitzernden Metall und vergass dabei für eine Weile Hunger und Kälte und Armut. Dann stieg er verstohlen wieder in sein Gemach empor und hungerte und fror dort weiter.

Wer seine eigenen Glücksgüter nicht nutzt, dem ist wirklich nicht zu helfen.

Die tausend Spiegel

Vor vielen Jahren stand in Indien mitten im Urwald ein Tempel, dessen Mauern in purem Golde erglänzten. Seine Innenwände waren mit tausend Spiegeln ausgekleidet. Da geschah es einmal, dass sich ein Hund in diese Tempelanlagen hinein verirrte. Er freute sich an dem prachtvollen Bauwerk und glaubte, dessen ganzer Reichtum gehöre nun ihm allein. Wie er in die grosse Halle der tausend Spiegel trat, sah er sich dort plötzlich tausend Hunden gegenüber, die ihn genau so grimmig anschauten wie er sie. Da er fürchtete, die tausend Hunde könnten ihm das Gold des Tempels streitig machen, fletschte er die Zähne und fing an, wütend zu bellen. Da bellten die anderen Hunde genauso zurück, und auch sie zeigten ihr angriffiges Gebiss.

Nun steigerte sich die Wut des umherirrenden Hundes derart, dass er zornig einen der tausend Hunde anspringen wollte. Dabei raste er gegen die gläsernen Spiegel und brach sich das Genick.

Nach langer, langer Zeit kam wieder ein Hund, der sich verlaufen hatte, zu jenem vergessenen Tempel im Urwald. Wie er in den hohen Spiegelsaal kam, sah auch er sich tausend Hunden gegenüber. Erfreut darüber, in der entlegenen Wildnis auf seinesgleichen zu stossen, fing er an, mit dem Schwanz zu wedeln, und alle tausend Hunde wedelten friedlich zurück. Dies gefiel ihm derart, dass er immer wieder zu jenem Tempel zurückkehrte, um seine freundlichen Artgenossen wiederzusehen.

Die zirpende Grille

Ein Indianer und ein Europäer gingen durch die verkehrsreichen Strassen einer grossen Stadt. Plötzlich blieb die Rothaut lauschend stehen und sagte zum Begleiter: «Horch! Hörst du diesen feinen Ton?»

«Ich höre nichts ausser Strassenlärm», gestand der Weisse.

«Hör doch! Ganz hoch und fein ist dieser Ton, ein lieblicher, lockender Gesang.»

«Was du nicht sagst! Ich höre nichts.»

Da nahm der Indianer den Europäer am Arm und führte ihn, dem seltsamen zirpenden Ton folgend, an ein altes Gemäuer heran. Dort sass in einem Mauerloch eine kleine Grille, die ihre beiden Flügel gegeneinander über den Rücken strich und so den schrillen Laut erzeugte. Der Weisse schüttelte unwillig den Kopf und wunderte sich, dass man wegen einer Grille so ein Aufheben machen konnte. Beide gingen nun weiter des Weges.

Wie sie eine Strasse auf dem Fussgängerstreifen überquerten, liess der Indianer ein Geldstück fallen. Der Europäer blieb sogleich stehen und schaute sich eifrig nach der Münze um, deren Klang er klar und deutlich vernommen hatte.

«Seltsam, mein Freund», bemerkte der Indianer, «wenn es um klingendes Geld geht, hast du feine Ohren, aber für das Lied einer kleinen Grille fehlt dir das Gehör.»

Alles fliesst vorbei

«Wie kann ich in der Hetze und Unrast des Tages die ersehnte Ruhe und Gelassenheit finden?» wollte ein geschäftiger Kaufmann von einem Priester wissen. Dieser ging mit dem Geschäftsmann auf einen Spaziergang. Statt ihn aber zu belehren, schwieg er vor sich hin, bis die beiden an einen Fluss kamen. Dort setzten sie sich ans Ufer und schauten wortlos in die vorbeifliessenden Fluten. «Lass die Zeit und alles Zeitliche ruhig an dir vorüberfliessen, so wie dieses Wasser», begann der Priester. «Hänge dein Herz weder an Menschen noch an Dinge. Wisse, alles geht vorüber und fliesst vorbei. Nicht wir vertreiben die Zeit, sondern die Zeit vertreibt uns. Wenn du anfängst, dies zu begreifen, wirst du finden, was du suchst.»

Der wundersame Edelstein

Ein Prinz ging zu einem Zauberer und wollte von ihm wissen, wo er Glück und Frieden fände.

Der Magier erklärte ihm: «An jener Stelle, wo du den wundersamen und zauberstarken Edelstein findest.»

So machte sich der Königssohn eifrig auf die Suche nach diesem glückverheissenden Kleinod. Er bereiste die ganze Welt, um ihn zu finden. Schliesslich fand er ihn, als er einmal in den Spiegel sah, auf der eigenen Brust. Dort trug er ihn schon seit Jahren als Anhänger in Gold gefasst. Da wusste er, dass er Glück und Frieden nur bei sich selber finden konnte.

Die Welt verbessern

«Was können wir tun, um die Welt zu verbessern?» wurde ein alter Weisheitslehrer gefragt.

Seine Antwort lautete: «In meiner Jugend war ich ein Idealist und stellte mir vor, was ich alles tun könnte, um die Welt zu verbessern. Daher war damals mein einziges Gebet: ‹Herr, gib mir die Kraft, die Welt zu verbessern.› Wie ich älter wurde und langsam in meine mittleren Jahre kam, sah ich ein, dass ich bis dahin nicht einmal einen einzigen Menschen verbessern konnte. Daher änderte ich mein Gebet, das fortan lautete: ‹Herr, gib mir die Gnade, all jene zu verbessern, die mir nahestehen; nur meine Familie und ein paar meiner Freunde, dann bin ich schon zufrieden.›

‹Inzwischen bin ich alt geworden, und der grösste Teil meines Lebens ist vorbei, ohne dass ich irgendwen oder irgend etwas in dieser Welt verbessert hätte. Da veränderte ich mein Gebet von neuem. Von nun an bete ich nur noch: ‹Herr, gib mir die Gnade, mich selbst zu verbessern.› Nun sehe ich ein, wie schwer dies ist. Hätte ich aber von Anfang an nur diese eine Absicht verfolgt, wäre mein Leben vielleicht sinnvoller gewesen.»

Übung und Reife

Ein Maler erhielt von seinem König den Auftrag, einen Papagei zu malen. Von Zeit zu Zeit schaute der Herrscher bei dem Künstler vorbei, doch konnte er an dem begonnenen Gemälde während Monaten keinen Fortschritt erkennen.

Schliesslich riss dem König der Geduldsfaden und er setzte dem Maler eine Frist von einer Woche, um das Werk zu vollenden.

«Majestät, warten Sie einen Augenblick», sagte der Säumige, und nahm Farben und Pinsel zur Hand. In kurzer Zeit war das Gemälde fertig. Lebensecht war der Papagei gelungen.

In hellem Entzücken bewunderte der König das gelungene Kunstwerk und fragte:

«Warum hast du dir solange Zeit gelassen, um meinen Auftrag auszuführen?»

Der Meister belehrte den Ungeduldigen: «Zwei Dinge müssen zusammenkommen, damit ein Werk seine vollendete Form findet: Übung und Reife. Bisher hatte ich lange Zeit gebraucht, um zu üben. Aber die Reife fehlte mir noch. Nun habe ich den Punkt der Reife erreicht, und die lange Übung sicherte die Vollendung.»

Der zerbrochene Stein

Wortlos sassen sie schon mehr als eine Stunde nebeneinander am Ufer des Flusses, der Tourist aus Europa und der arabische Marabut. Fast bewegungslos starrten beide auf das ruhig dahinfliessende Wasser, tief in Meditation versunken. Auf einmal erhob sich der Araber und bewegte sich ruhigen Schrittes hin zum Fluss. Mit nackten Füssen stieg er ins Wasser, bückte sich und entnahm dem Flussbett einen runden Stein. Dieser war so gross, dass er ihn mit beiden Händen tragen musste.

Alsdann setzte er sich wieder neben den Fremden. Halblaut murmelte er islamische Gebete vor sich hin. Es tönte so, als handelte es sich um eine geheime Zauberformel. Auf einmal brach der Marabut ohne die geringste Mühe den Stein entzwei. Dieser war inwendig vollständig trocken. Jetzt wandte er sich an den Europäer und sagte: «Siehst du diesen Stein, den Allah erschaffen hat? Seit sehr, sehr langer Zeit hat er im Wasser gelegen, aber das Wasser hat ihn nicht durchdrungen.»

«Und wie erklärst du dir das?» wollte der Tourist wissen.

«Dafür gibt es keine Erklärung für uns Menschen. Allah wird es wissen, und das soll genügen.»

«Doch warum hast du den Stein überhaupt entzweigebrochen?»

«Glaubst du an Allah?»

«Natürlich glaube ich an Gott.»

«Bist du ein Christ?»

«Ja, wie die meisten Europäer.»

«Mit euch Christen verhält es sich wie mit diesem Stein», erklärte der Derwisch. «Seit Jahrhunderten seid ihr von eurem Glauben umgeben, aber euer Glaube hat euch nicht durchdrungen.»

Die unsichtbaren Hörner

Ein Jüngling bat einen Eremiten um Führung und Beistand auf dem Weg zu geistigem Fortschritt. Gleich zu Beginn sollte er nach den Weisungen des Meisters sich in der Meditation üben.

«Was ist deine alltägliche Beschäftigung?» wollte der Einsiedler wissen.

«Ich hüte die Kühe meines Vaters.»

«Also gut, dann fange an, über eine Kuh zu meditieren!»

Der junge Mann zog sich in eine Felsenhöhle zurück, sammelte dort alle seine Gedanken und fing an, sich auf eine Kuh zu konzentrieren.

Nach einiger Zeit begab sich der Eremit zum Eingang jener Höhle und rief: «Komm heraus!»

Der Jüngling war inzwischen in seiner Meditationsübung so weit gegangen, dass er nicht mehr zwischen sich und der in Gedanken vorgestellten Kuh unterscheiden konnte. Dicht hinter dem Höhleneingang, wie gegen ein unsichtbares Hindernis ankämpfend, ächzte und stöhnte er: «Ich kann nicht mehr hinaus, meine grossen Hörner sind mir im Wege.»

So kann es einem ergehen, wenn man eine wohlgemeinte Übung übertreibt.

Der Himmel in mir

Nach tagelangem Regen hatte sich auf einem Waldweg eine Pfütze gebildet. Die Leute, die vorbeikamen, machten einen Bogen um sie, und die Kinder wurden ermahnt, nicht hineinzusteigen, damit sie nicht nass und schmutzig würden. Die Regenpfütze war traurig, weil man sie mied und verachtete.

Plötzlich flog ein Vogel herbei und nahm ein Bad in ihrem Wasser. Dies liess sich die Wasserpfütze wohl gefallen, war sie doch zu etwas nütze. Zum Dank sagte der Vogel zu ihr: «Warte bis die Sonne scheint, dann wirst du etwas Schönes erleben, und du wirst bewundernde Blicke auf dich lenken.»

Als die Sonne nach regenreichen Tagen endlich hinter den Wolken hervorschaute, erfasste ein heller Glanz die graubraune Lache, und die Sonne spiegelte sich in ihr. Da flog der Vogel herbei und belehrte sie: «Siehst du, es hat sich gelohnt, auf die Sonne zu warten. Wie schön es jetzt in dir glitzert und funkelt.»

«Ja», sagte die Regenpfütze, «sieh nur, der Himmel ist in mir.»

Auf die Seelen warten

Eine Gruppe europäischer Alpinisten wollte einen der Gipfel des Himalajas besteigen. Um das hierfür notwendige Material auf die verschiedenen Basislager zu bringen, heuerten sie ein paar Sherpas an. Diese zähen und ausdauernden nepalesischen Träger stiegen mit ihren schweren Lasten ohne allzu grosse Mühe auf fünftausend, auf sechstausend und gar auf siebentausend Meter hoch. Doch eines Tages weigerten sie sich allesamt weiterzugehen.

Der Expeditionsleiter fragte nach dem Grund ihres sonderbaren Verhaltens: «Seid ihr mit dem Trägerlohn nicht zufrieden?»

Die Sherpas schwiegen.

«Genügt euch das Essen nicht?»

Alle schauten stumm zu Boden.

«Vertragt ihr die dünne Luft nicht.»

Die Einheimischen schüttelten nur den Kopf.

«Ja, was ist es denn, das es euch unmöglich macht, weiterzugehen?» wollte der Europäer wissen.

«Unsere Seelen sind zurückgeblieben», antwortete der nepalesische Anführer. «Wir müssen hier warten, bis unsere Seelen nachgekommen sind.»

Die goldene Schale

Ein buddhistischer Mönch ging jeden Tag, nur mit einem abgetragenen Lendentuch bekleidet, bettelnd von Haus zu Haus. Sein einziger kostbarer Besitz war eine goldene Reisschale, die ein Fürst ihm einmal geschenkt hatte.

Wie der Mönch eines Nachts sich in den Ruinen eines verfallenen Klosters schlafen legen wollte, bemerkte er hinter sich einen Dieb. «Hier», sagte der Bettelmönch, «nimm meine Schale und störe mich nicht weiter, damit ich ruhig schlafen kann.» Der Dieb griff hastig nach der goldenen Schale und machte sich schleunigst davon.

Am folgenden Morgen jedoch kehrte er zurück und fragte den Mönch: «Als du mir letzte Nacht diese kostbare Schale ohne Bedauern gabst, kam ich mir später selber recht armselig vor. Bitte, lehre mich, jene Reichtümer zu gewinnen, die keiner einem stehlen kann und mit denen ich soviel Gelassenheit erwerben kann wie du.»

Freiheit und Schicksal

Was ist Freiheit?

Vor dem Käfig eines Kanarienvogels standen ein paar Leute herum und spotteten über das gefangene Tier, weil es seiner Freiheit beraubt war. Da meinte einer: «Was ist denn überhaupt Freiheit?» Ob dieser Frage gerieten die Umstehenden in einen heftigen Streit, ja sie rauften und schlugen sich gar, weil sie nicht gleicher Meinung waren.

Wie sie sich aufrafften, bemerkte der gefiederte Sänger: «Solange die Menschen sich darüber streiten, was Freiheit ist, und sich darüber nicht einigen können, sind sie die Gefangenen, nämlich Gefangene ihrer selbst.»

Das Schicksal bejahen

Eine Frau, die mit ihrem weiblichen Schicksal unzufrieden war, beklagte sich bei einem Priester.

«Du machst dir dein Leben selber schwer», sagte dieser.

«Aber ich bin doch nicht dafür verantwortlich, weiblich geboren zu sein.»

«Nein, das ist dein Schicksal.»

«Und wo ist da die menschliche Freiheit?»

«Die Freiheit liegt in dem, wie du deine Weiblichkeit, dein Frausein lebst und was du daraus machst.»

Zwang und Freiheit

Ein Mann, der von Geburt an ein lahmes Bein hatte und deshalb schwer behindert durchs Leben gehen musste, sagte einem Lehrer, der von der Freiheit sprach: «Ich glaube nicht an die menschliche Freiheit. Gäbe es diese, hätte ich mir bestimmt einen anderen Körper ausgesucht.»

«Die Freiheit liegt in der Bejahung der Beschränkung.»

Der Angesprochene hatte Mühe, dies zu verstehen.

«Schau da zum Fenster hinaus!» forderte ihn der Lehrer auf. «Siehst du die Ziege da draussen auf der Wiese? Sie ist mit einer langen Leine an einem Pflock angebunden. Solange sie im Umkreis dieser Leine äst, fühlt sie sich frei. Sobald sie aber nur eine Handbreit darüber hinaus will, merkt sie ein Ziehen und Zerren am Hals, und sie bekommt ihre Unfreiheit zu spüren. Darum bedenke: willst du frei sein, zieh nicht an der Leine!»

Die eigenwillige Prinzessin

Ein König hatte drei Töchter. Als er älter wurde, rief er diese zu sich und sagte: «Ich habe beschlossen, eure Zukunft und euer Schicksal zu bestimmen und zu sichern. Daher wird alles, was ich besitze, eines Tages euch gehören.»

Zwei der drei Mädchen nickten wortlos. Die dritte jedoch erklärte: «Du bist mein Vater und auch der König. Doch ich will es nicht zulassen, dass mein ganzes zukünftiges Leben sich nach deinem Willen zu richten hat.»

«Wir werden ja sehen», sagte der König. Er liess die eigenwillige Tochter in einer kleinen Gefängniszelle einsperren, wo sie jahrelang litt.

Die Leute, welche von der Not der gefangenen Prinzessin hörten, fragten sich: «Warum ist der König so hart? Was hat seine Tochter wohl verbrochen, dass er sie so streng bestraft?»

Von Zeit zu Zeit suchte der König die Gefangene in ihrem Verlies auf und erkundigte sich nach ihrem Befinden. Obwohl diese durch die lange Haft geschwächt war, lehnte sie es ab, ihre Meinung zu ändern.

Schliesslich verlor der König seine Geduld und entschied: «Da du dich meinem Willen nicht fügen willst, obwohl ich dir Zeit genug gelassen habe, dich eines Besseren zu besinnen, verbanne ich dich nun endgültig in eine Gegend ausserhalb meines Reiches, wo du mit wilden Tieren und herrenlosem Gesindel hausen wirst.» Und so geschah es.

Von nun an lebte die Prinzessin in einer Wildnis, wo sie ihr Dasein mit eigenen Kräften und nach eigenem Gutdünken einrichten musste. Voll Tatendrang baute sie eine Hütte, legte einen Garten an und pflanzte Fruchtbäume. Sie verstand es, Feuer zu entfachen und Wasserquellen zu erschliessen. Langsam gedieh ihr eigenes kleines Reich, in dem sie selbst bestimmen konnte. Mit der Zeit gesellten sich noch andere, ebenfalls vom König wegen ihres Ungehorsams verstossene Leute zu ihr und halfen beim Aufbau einer kleinen Dorfgemeinschaft tatkräftig mit. Aus dem Dorf wurde bald einmal eine Stadt, ja ein kleines Reich. Dessen Bewohner erwählten die Prinzessin zu ihrer Königin.

Nicht lange dauerte es, bis Macht und Einfluss des neuen Königreiches so gross wurden, dass auch der alte König davon hörte. So beschloss er, dorthin zu reisen, um zu sehen, was aus seiner widerspenstigen Tochter geworden sei. Wie er sich gebeugten Hauptes ihrem Thron näherte, ging sie ihm entgegen mit den Worten: «Wie du siehst, mein Vater, hat jeder Mensch sein eigenes Schicksal und seine eigene Wahl. Entscheidend ist, was er daraus macht.»

Einfalt des Herzens

Ein Europäer begegnete in China einem alten Bauern, der an einem Fluss mit dem Bewässern seines Gartens beschäftigt war. Entlang der Beete hatte er lange Gräben gezogen, in die er das Wasser goss, welches er mit einem Eimer aus dem Fluss holte. Der Fremde hatte Mitleid mit dem Bauern, der sich so abmühte, ohne dabei viel zu erreichen, und wollte ihn belehren: «Es gibt eine Vorrichtung, mit der du ohne grosse Anstrengung in viel kürzerer Zeit deinen Garten bewässern könntest.»

Der Alte schaute auf und fragte: «Was ist das für eine Einrichtung?»

«Nimm ein grosses Rad und an jede Speiche hänge einen Eimer. Dann befestige das Rad so am Ufer des Flusses, dass der unterste Eimer ins Wasser taucht. Wenn du das Rad gegen dich drehst, füllst du einen Eimer nach dem anderen und ein jeder ergiesst das Wasser dann in einen Kännel, mit dem du das Wasser zu deinen Gräben hinleiten kannst. Man nennt diese Vorrichtung ein Wasserrad.»

Da stieg dem Bauern der Ärger ins Gesicht, und unwirsch entgegnete er: «Ich habe unseren Dorflehrer stets sagen hören, wenn einer Maschinen benutze, so betreibe er sein Geschäft maschinenmässig. Wer sein Geschäft aber maschinenmässig betreibt, der bekommt ein Maschinenherz. Und wenn einer ein Maschinenherz in der Brust hat, dann geht ihm die reine Einfalt verloren. Wem die reine Einfalt fehlt, der wird unberechenbar in den Regungen seines Geistes. Unberechenbarkeit des Geistes aber ist etwas, das sich mit dem wahren Sinn nicht verträgt. – Nicht, dass ich von solchen Dingen, zu denen du mir rätst, nichts wüsste, doch ich schäme mich, sie anzuwenden, denn ich möchte die Einfalt meines Herzens bewahren.»

Zündholz und Kerze

Das Zündholz sprach zur Kerze: «Ich habe den Auftrag, dich anzuzünden.»

«Nur das nicht», sagte die Kerze ganz verängstigt. «Wenn ich brenne, sind meine Tage gezählt, und niemand wird künftig meine Schönheit bewundern.»

Das Zündholz gab zu bedenken: «Anzünden ist das einzige, was ich kann. Zünde ich nicht an, verpasse ich meinen Auftrag und gehe an meiner eigentlichen Bestimmung vorüber.»

«Gut, das sehe ich ein», meinte die Kerze, «aber was hat das mit mir zu tun?»

«Du bist eine Kerze, dazu bestimmt, Licht zu spenden. Willst du denn dein Leben lang kalt und starr bleiben, ohne deine Aufgabe erfüllt zu haben?»

«Aber brennen tut doch weh», seufzte die Kerze. «Und wenn du mich anzündest, schwinden meine Kräfte dahin.»

«Ja, das stimmt», gab das Zündholz zu. «Aber ist es nicht das Geheimnis unserer Berufung, Licht zu spenden? Du sollst für andere leuchten. Alles, was du an Schmerz erfährst und an Kraft verlierst, wenn du dich in der Flamme verzehrst, wird in wärmendes Licht verwandelt, an dem sich viele erfreuen werden. Wenn du dich aber versagst, breitet sich Finsternis aus, dort wo du stehst.»

Da besann sich die Kerze eine Weile, dann spitzte sie ihren Docht und sprach voller Erwartung: «Zünde mich an.»

Der ungenutzte Brunnen

Eine Bäuerin hatte einen steilen, steinigen Garten auf der Sonnenseite in halber Höhe eines engen Tales. Da es in dieser Gegend selten regnete und auch keine Bewässerungsanlagen vorhanden waren, schleppte sie an heissen Sommertagen fast täglich das nötige Wasser aus dem Fluss in Eimern den Berg hinan.

Eines Tages kam ein Rutengänger vorbei. Dieser stellte fest, dass auf dem Acker der Frau in einer Tiefe von zehn Metern eine ergiebige Quelle floss. Also riet er der Bäuerin, einen Brunnen zu graben. Die Frau aber schüttelte ungläubig den Kopf und meinte: «Mein Vater hat seiner Lebtag lang das Wasser aus dem Fluss geschöpft, und mein Grossvater tat es ebenso. Warum sollte ich es nun auf einmal anders machen?»

Das Opfer des Bambus

Es war einmal ein wunderschöner Garten. Der lag mitten in einem weiten, schattigen Park. Dessen Besitzer, ein wohlhabender Kaufmann, pflegte dort jeweils während der grössten Hitze des Tages spazieren zu gehen. Mitten im Garten stand ein mächtiger Bambus. Dieser war der prächtigste Baum unter allen Gewächsen.

Eines Tages sprach der Herr zu seinem Bambusbaum: «Lieber Bambus, ich brauch' dich.»

Der grasartige Riese neigte seine äussersten Halme und antwortete leise: «Herr, ich bin bereit. Gebrauche mich, wie du willst.»

«Mein schöner Bambus», sagte der Herr, und seine Stimme wurde ernst, «um dich zu gebrauchen, muss ich dich beschneiden.»

«Das kannst du doch nicht machen, Herr! Mich beschneiden, gar kürzen und verstümmeln – mich, den schönsten Baum in deinem Garten? Nein, nur das nicht! Verwende mich doch zu deiner Freude, indem du mich noch grösser und prächtiger werden lässt.»

«Wenn ich dich nicht beschneiden darf, kann ich dich auch zu nichts gebrauchen», entgegnete der Parkbesitzer.

Da schüttelte der Bambus demütig sein grünes Kleid und flüsterte: «Herr, wenn du mich nicht gebrauchen kannst, ohne mich zu beschneiden, dann tue mit mir, was du willst, und beschneide mich an meinen äussersten Zweigen.»

«Mein lieber Bambus, ich muss dir auch deine Blätter und Äste abschneiden.»

«Ach Herr, bewahre mich davor. Beschneide meine Wipfel, doch lass mir mein grünes Gewand.»

«Wenn ich sie dir nicht abhaue, kann ich dich nicht gebrauchen, so wie ich möchte.»

Der Bambus zitterte im Abendwind und fürchtete sich vor dem, was auf ihn zukam. Schliesslich fasste er sich ein Herz und sagte: «Herr, schlage zu!»

«Mein Baum, ich muss dir noch mehr antun. Ich muss deinen Stamm der ganzen Länge nach aufschneiden und dein Herz herausnehmen. Wenn ich das nicht tue, kann ich mein Werk nicht vollenden.»

Mit letzter Kraft seufzte der Bambus: «Dann teile und schneide, wie es sein muss.»

So beschnitt der Herr des Gartens seinen mächtigen Bambusbaum, hieb seine Äste ab, befreite ihn von seinen Blättern, teilte seinen Stamm der Länge nach und schnitt sein Mark heraus. Dann trug er die beiden Teile zu seiner Quelle, setzte das eine Stück an das hervorquellende Wasser, mit dem anderen Stück verlängerte er die Wasserrinne und führte das köstliche Nass auf seine dürstenden Felder.

So wurde der einst so herrliche Bambus zum grossen Segen. Als er noch gross und schön im weiten Park stand, wuchs er nur für sich selbst und freute sich seines Daseins. Jetzt aber, wo er sein Leben hingab, wurde er zur wasserführenden Rinne, die sein Herr brauchte, um sein Land fruchtbar zu machen.

Die drei Herren

«Drei Herren regieren diese Welt», sagte der Meister seinen Schülern. «Der erste Herr ist die Leidenschaft. Sie verbindet die Menschen zu den innigsten und intimsten Erlebnissen, führt sie zu den höchsten Ekstasen der Wonne und Lust, erniedrigt sie aber auch zu den erbärmlichsten Lastern und verursacht Weh und Leid bis hin zu grausamen Gewalttaten. Der zweite Herr ist das Geld. Die Sucht nach dem Geld geht rücksichtslos vor, und die Habgier schreckt vor keiner Gemeinheit zurück. Der dritte Herr ist die Macht. Der Machtrausch eines einzelnen Menschen kann ganze Völker und Nationen ins Unheil stürzen. Wo Macht vor Recht geht, da ist das Unrecht zu Hause.»

Als der Meister seine Rede beendet hatte, riet er seinen Schülern: «Wollt ihr frei sein, so hütet euch davor, von einem dieser drei Herren als Sklaven gehalten zu werden.»

Der grosse Lottotreffer

Ein Pfarrer befand sich in grossen Geldnöten. Da er ein guter Christ zu sein glaubte und fleissig in der Bibel las, fand er dort bei Matthäus die Weisung: «Bittet, dann wird euch gegeben» (Mt 7, 7), und bei Johannes las er die Stelle: «Alles, wofür du

Gott bittest, wird Gott dir geben» (Joh 11, 22). Also dachte sich der fromme Pfarrer: «Ich werde Gott um einen grossen Lottotreffer bitten, dann bin ich meine materiellen Sorgen los, und ich kann mich wieder mehr den kirchlichen Aufgaben widmen.»

Und so betete dieser Priester während Wochen und Monaten brav und fleissig jeden Tag um den erhofften Lottogewinn. Doch nichts geschah, und die finanzielle Lage des Pfarrers verschlimmerte sich zusehends. Am Ende des Jahres lag der Sorgengeplagte auf den Knien und haderte mit Gott und klagte und fragte: «Warum, Herr, erhörst du mich nicht? Du weisst doch, du Allwissender, wie elend ich dran bin. Ein guter Lottotreffer könnte mich aus meiner Not erretten.»

Da hörte der Pfarrer ganz nahe bei seinem Ohr deutlich eine Stimme, und sie schien von oben zu kommen, die in vorwurfsvollem Tone zu ihm sprach: «Kauf doch endlich mal ein Los!»

Die bittere Medizin

Eine Frau ging zu einem Apotheker und klagte: «Das Leben ist schwer.»

Der Apotheker belehrte sie: «Sagen Sie nicht, das Leben sei schwer; sagen Sie lieber: Das Leben ist bitter – bitter wie eine Medizin. Diese schmeckt zwar nicht gut, aber sie tut gut.»

Wege zum Glück

Die zwei Wege

Ein alter Mann rief kurz vor seinem Sterben seine Söhne und Töchter zu sich und vertraute ihnen als sein Vermächtnis folgende Weisheit an: «Es gibt zwei Wege zu einem zufriedenen und glücklichen Leben: entweder alles bekommen, was man sich wünscht, doch nur ganz wenigen gelingt dies, oder alles wünschen, was man bekommt, doch nur selten einer ist dazu fähig.» Nach einer Weile fügte er hinzu: «Der zweite Weg ist auf jeden Fall der bessere, um Glück und Zufriedenheit im Leben zu erlangen.»

Der zufriedene Habenichts

Ein Landstreicher kam mit einem reichen Grossgrundbesitzer ins Gespräch. Der Reiche beklagte sich bei dem Besitzlosen, wieviel Arbeit er doch immer habe. Hier muss er ein Haus besorgen, dort einen Garten in Ordnung halten. Da ist Vieh zu versorgen, und die Pferde sind täglich in Trab zu halten. Vor lauter Arbeit komme er zu nichts, klagte der Unermüdliche.

Da lächelte der Landstreicher, der keiner geregelten Arbeit nachging und so von der Hand in den Mund lebte, selbstzufrieden vor sich hin und meinte, mehr zu sich als zu seinem Gegenüber: «So ist es! Wenn du nichts hast, weisst du erst, was du hast.»

Der leuchtende Stern

Es war einmal ein asketisch lebender Mann, der sich Speise und Trank versagte, solange die Sonne am Himmel stand. Als ein Zeichen des himmlischen Wohlgefallens erschien ihm ein heller Stern, den er sogar bei Tageslicht über einem nahen Berggipfel zu sehen glaubte. Eines Tages beschloss dieser Mann, auf jenen Berg zu steigen, um das Geheimnis des seltsamen Sternes zu ergründen. Eine junge Frau aus dem Dorf wollte ihn dabei begleiten.

Der Asket gedachte zunächst, auf Begleitung zu verzichten. Schliesslich willigte er ein, und die beiden schritten den Berg hinan. Auf halber Höhe kamen sie an einen Brunnen. Die junge Frau wünschte ihren Durst zu stillen. Der Asket wollte sich aber auch hier keinen Trunk gönnen. Da weigerte sich seine Begleiterin, allein von dem frischen Wasser zu trinken, wenn er es ihr nicht gleichtun würde. Schliesslich gab er nach, und nun labten sie sich gemeinsam an der Quelle.

Lange Zeit wagte der Mann nicht, zum Himmel aufzublicken, denn er fürchtete, der Stern über dem Berg wäre ob seinem Mangel an Verzicht verschwunden. Als er schliesslich doch aufschaute, stellte er in freudigem Erstaunen fest, dass dort über dem Berg zwei Sterne in hellem Glanz leuchteten.

Die bessere Ehefrau

Eine Frau, die gar unzufrieden war mit ihrem Mann, kam zu einem Priester und beklagte sich über ihr Eheschicksal. Dabei liess sie keinen guten Faden an ihrem Angetrauten und wusste gar viel zu berichten darüber, wo und wie er sich zu ändern hätte.

Nachdem der Priester ruhig und geduldig zugehört hatte, meinte er: «Eure Ehe könnte wesentlich besser sein, wenn du, meine Tochter, eine bessere Ehefrau wärest.»

«Und wie könnte ich das werden?»

«Indem du dich nicht länger darum bemühst, aus deinem Mann einen besseren Ehemann zu machen.»

Esst Mangofrüchte

Der indische Weise Ramakrishna pflegte seinen Schülern folgende Geschichte zu erzählten:

«Zwei Männer gingen zusammen in einen Garten. Kaum hatten sie ihn betreten, da begann der eine, die Mangobäume zu zählen, ihre Früchte zu begutachten und zu berechnen, welches wohl der ungefähre Wert des ganzen Ernteertrages sei.

Der andere ging zum Besitzer des Gartens und fragte ihn, ob er ein paar Früchte von seinen Bäumen pflücken und essen dürfe. Dieser erlaubte es ihm.» – «Welcher, meint ihr, war von den beiden wohl der Klügere?»

Die Jünger wussten nicht recht, was sie sagen sollten.

«Esst Mangofrüchte!» mahnte Ramakrishna. Sie werden euren Hunger stillen und sind gesund für Körper und Seele. Was hat es für einen Zweck, die Früchte zu zählen und Berechnungen anzustellen? Der eitle Verstandesmensch müht sich vergeblich, das Warum und Wozu der Schöpfung zu ergründen. Der demütige Weise wird statt dessen mit dem Schöpfer selber bekannt und geniesst in dieser Welt höchste Glückseligkeit.»

Der glückliche Untertan

Ein junger Königssohn war schwer erkrankt. Da befahl der Herrscher die weisen Männer seines Reiches zu sich, um von ihnen zu erfahren, wie sein Sohn zu heilen, zu retten sei. Die Weisen wussten keinen Rat und fanden kein Heilmittel. Eine alte, wissende Frau jedoch, die im Königsschloss wohnte und grosses Bedauern hatte mit dem kranken Königskind, liess ihrem Herrn folgende Botschaft zukommen: «Dein Sohn, o König, wird wieder gesund, wenn er das Hemd jenes Untertans in deinem Reich anziehen kann, der sich als glücklich preist.»

Sogleich sandte der König seine Soldaten aus, um nach dem Glücklichen in seinem Reich zu suchen. Diese klopften zunächst bei den noblen Adelsfamilien an, doch fanden sie unter ihnen niemanden, der sich glücklich nannte. Nun versuchten sie es bei den Reichen und Wohlhabenden, dann bei den Kaufleuten und Handwerkern, aber niemand wollte sich zu den Glücklichen zählen. Schliesslich fragten sie bei den Bauern und bei den Tagelöhnern an. Aber auch unter diesen fanden sie keinen, dem das Glück hold war. Entmutigt und enttäuscht traten die Kundschafter des Königs den Heimweg an. Wie sie an einem Waldrand vorbeikamen, sahen sie dort einen Hirten, der seine Schafe weidete und auf einer Flöte spielte.

«Was ist denn hier los?» erkundigte sich der Schäfer. «Ist etwa ein Krieg ausgebrochen, oder verfolgt ihr einen Verbrecher?»

«Nein, nichts dergleichen», antworteten ihm die Soldaten. «Wir suchen einen glücklichen Menschen im Reiche des Königs.»

Der Hirte lächelte still vor sich hin.

«Bist du etwa glücklich?» wollte einer der Umstehenden wissen.

«Ja, ich bin zufrieden und glücklich», antwortet der ärmlich gekleidete Flötenspieler.

Da stürzten die Abgesandten des Königs sich auf ihn und wollten sich seines Hemdes bemächtigen. Enttäuscht aber stellten sie fest, dass dieser unter seinem dürftigen Wams gar kein Hemd trug.

So musste der junge Königssohn sterben, weil der einzige Glückliche im ganzen Land so arm war, dass er nicht einmal ein Hemd besass.

Wer ist zufrieden?

Ein amerikanischer Farmer stellte auf ein Stück unbebauten Ackerlandes neben seinem Haus eine Tafel hin mit folgender Inschrift: «Dieses Land soll dem gehören, der zufrieden ist, mit dem was er hat.»

Eines Tages kam ein reicher Mann vorbei, las die seltsame Inschrift und sagte sich: «Da dieses Stück Land umsonst zu haben ist, will ich es mir sichern, bevor es jemand anders tut.» So ging er ins Haus und meldete seinen Wunsch an.

«Ihr wisst, dass ich dieses Land nur jenem gebe, der wirklich zufrieden ist, mit dem was er hat», erklärte der Farmer.

«Ich bin zufrieden», beteuerte der andere, «denn ich bin, wie ihr wisst, reich und habe alles, was ich brauche.»

«Mein Freund, wenn Ihr wirklich zufrieden seid und alles Notwendige habt, wozu wollt Ihr denn dieses Stück Land?»

Nachdenklich ging der Fremde davon.

Nahrung für das Herz

Als Rainer Maria Rilke bei dem Bildhauer Rodin in Paris als Sekretär tätig war, ging er jeweils um die Mittagszeit mit einer jungen Französin an einem Platz vorbei, an dem eine Bettlerin am Boden kauerte und mit vorgestreckter Hand um ein Almosen bat. Ohne zu irgendeinem Geber je aufzuschauen, ohne ein Wort des Bittens oder Dankens je zu äussern, sass die arme Frau von morgens bis zum Abend stets am gleichen Ort.

Der Dichter gab nie etwas, während seine Begleiterin ab und zu einige Sous spendete. Eines Tages fragte die Französin nach dem Grund, warum er nichts gebe. Rilke meinte: «Wir müssten ihrem Herzen schenken, nicht ihrer Hand.»

Wenige Tage später brachte Rilke eine eben erblühte weisse Rose mit, legte sie in die offene Hand der Bettlerin und wollte weitergehen. Da geschah das Unerwartete: Die Bettlerin blickte erstaunt auf, erhob sich mühsam von der Erde, tastete nach der Hand des fremden Mannes, küsste sie, drückte die Rose an ihre Brust und ging davon.

Eine Woche lang blieb die Alte verschwunden. Der Platz, an dem sie vorher täglich gebettelt hatte, blieb leer. Vergeblich suchte die Begleiterin Rilkes eine Antwort darauf, wer wohl jetzt der Armen ein Almosen gebe. Nach acht Tagen sass diese wieder wie früher am gewohnten Platz. Sie war stumm wie eh und je, wiederum nur ihre Bedürftigkeit zeigend durch die ausgestreckte Hand.

«Aber wovon hat sie all die Tage, da sie nicht hier sass, nur gelebt?» fragte die Französin.

Der Dichter antwortete: «Von der Rose.»

Was ist Glück?

Vor dreitausend Jahren herrschte in China ein grausamer und selbstsüchtiger Kaiser. Zum Schutz seines riesigen Reiches liess er eine 6000 Kilometer lange Mauer errichten. Bei dem geforderten Frondienst kamen viele seiner Untertanen ums Leben. Zu jener Zeit lebte in China ein alter Bauer, der in der einfachen Welt, die er liebte, nur zwei Dinge sein eigen nannte: seinen einzigen Sohn und sein Pferd. Eines Tages lief ihm das Pferd davon, und so war der Bauer noch ärmer als zuvor. Nachdem die Nachbarn davon gehört hatten, kamen sie herbei, um ihn zu trösten: «Was für ein Unglück, dass dein Pferd weggelaufen ist!»

Der alte Mann aber fragte: «Woher wollt ihr wissen, dass dies ein Unglück ist?»

Einige Tage darauf kehrte das Pferd zurück, gefolgt von sechs anderen wilden Pferden, die der Bauer zähmte und in seinen Dienst nahm. Auf diese Weise wurde der Wohlstand des alten Mannes gesteigert. Die Dorfbewohner bemerkten dies und kamen zu ihm und lobten: «Was für ein Glück du hast mit deinen sieben Pferden!»

Der Bauer aber sann eine Weile nach und antwortete: «Wie wollt ihr wissen, dass es ein Glück ist?»

Am gleichen Nachmittag beschloss der einzige Sohn des alten Bauern, auf einem der wilden Pferde auszureiten. Er wurde jedoch aus dem Sattel geworfen und verletzte sich schwer, so dass er seine Beine nicht mehr brauchen konnte. Da kamen Verwandte und Bekannte und sprachen: «Was für ein Unglück, dass dein einziger Sohn nun ein Krüppel geworden ist!»

Der alte Chinese aber gab zurück: «Wieso könnt ihr wissen, dass dies ein Unglück ist?»

Am folgenden Tag kamen die Abgesandten des Kaisers in das Dorf und befahlen, dass alle gesunden jungen Männer sich zum Bau der grossen Mauer melden müssten. So wurde jeder junge Mann aus der Gegend zur Zwangsarbeit verpflichtet, nur der Sohn des alten Bauern durfte zu Hause bleiben. Da kamen die Ältesten der Stadt zu ihm und priesen ihn: «Was für ein Glück du nur hast, dass dein Sohn nicht für den Mauerbau eingezogen wurde!»

Doch der Bauer sah sie an und meinte: «Was gibt euch die Sicherheit, dass dies ein Glück ist?»

Nun wurden die Stadtväter nachdenklich und fingen an, sich zu beraten. Nach einem Tag kehrten sie zum alten Bauern zurück und teilten ihm mit: «Wir haben eingesehen, dass du der weiseste Mann in ganz China bist. Wir würden es deshalb als grosses Glück ansehen, wenn du unser Gemeindevorsteher würdest.»

Ein letztes Mal fragte der alte Mann: «Woher wollt ihr wissen, dass dies ein grosses Glück wäre.»

Mit diesen Worten lehnte er das hohe Amt ab, denn er kannte das Geheimnis des Glücks!

Kraft der Worte

Ein guter Rat

Ein Ehemann, der mit seiner Frau immer wieder heftige Auseinandersetzungen hatte, fragte den Meister, wie er mehr Harmonie in seine Partnerschaft bringen könne.

«Du musst lernen, deiner Frau zuzuhören.»

Als der Mann nach einiger Zeit wieder zum Meister kam, fragte dieser: «Nun, wie geht es jetzt in deiner Ehe?»

«Es geht besser, denn ich habe angefangen, auf jedes Wort, das meine Frau spricht, zu hören. Doch habe ich den Eindruck, dass sie mir seitdem manches verschweigt.»

«Nun gut, dann geh nach Hause und versuche, auch auf jedes Wort zu achten, das sie nicht spricht.»

Die drei Siebe

Zu Sokrates kam einmal einer seiner Schüler und sagte eifrig: «Höre, Sokrates, ich muss dir sofort berichten, was ich auf dem Markt über einen deiner Freunde gehört habe.»

«Halt ein!» gebot ihm der Weise, «hast du das, was du mir so eilig berichten willst, zuerst durch die drei Siebe hindurchgelassen?»

«Was für drei Siebe meinst du?»

«Also höre gut zu!» Und Sokrates belehrte ihn auf folgende Art: «Das erste Sieb ist das des Wahren. Ist das, was du mir mitteilen willst, auch wahr?»

«Ich habe es nicht überprüft», gestand der Zuträger.

«Dann hast du es wohl durch das zweite Sieb geläutert? Es ist das Sieb des Guten. Bedenke, ist es gut für dich, dass du mir diese Geschichte erzählst; ist es gut für jenen, um den es sich dabei handelt; und schliesslich, ist es gut für mich, dass ich sie erfahre?»

Wie der Schüler beschämt verstummte, wollte Sokrates von ihm wissen, ob er wenigstens an das dritte Sieb gedacht habe, nämlich an das Sieb der Notwendigkeit. So erkundigte er sich: «Ist es notwendig für dich, dass du mir hinterträgst, was du von meinem Freund erfahren hast? Ist es notwendig für ihn, dass du dies weitererzählst? Und ist es notwendig für mich, dass ich davon weiss?»

«Notwendig? Nein, eigentlich nicht», gestand der Jünger.

«Nun gut», sagte der Philosoph, «wenn das, was du mir über meinen Freund eröffnen willst, weder wahr, noch gut, noch notwendig ist, dann behalte die Geschichte für dich, ich will sie nicht wissen!»

Die Bedeutung der Worte

Der chinesische Weise Kung Fu-tse wurde von einem seiner Schüler gefragt: «Meister, wenn der Kaiser euch die Regierung des Reiches anvertrauen würde, welches wäre dann eure erste Weisung?»

Der Meister antwortete darauf: «Zweifellos würde ich zuallererst die Bedeutung der Worte genau festlegen.»

Da rief der Schüler aus: «Aber Meister, das kann doch nicht euer Ernst sein! Wir sind doch alle der Sprache mächtig. Warum also sollte es so wichtig sein, zuallererst die Bedeutung der Worte genau festzulegen?»

Der Meister belehrte den Fragenden: «Wie kurz sind doch deine Gedanken, und wie beschränkt ist dein Wissen. So höre denn: «Der edle Mensch legt bei allem, was er nicht vollkommen versteht, grösste Vorsicht an den Tag. Wenn die Bedeutung der Worte nicht eindeutig feststeht, führt dies leicht zu Missverständnissen, und die Leute reden aneinander vorbei, ohne die Wahrheit zu begreifen. Und wenn die Worte zu verschiedenen Auslegungen führen, kann kein Vorhaben zu einem guten Ende gebracht werden. Auf diese Weise können Ordnung und Gleichgewicht nicht zur Blüte gelangen. Wenn aber Ordnung und Gleichgewicht nicht zur Blüte kommen und die Verhältnisse des Volkes nicht harmonisch sind, dann sind Belohnungen und Strafen nicht gerecht. Und wenn die Belohnungen und Strafen nicht gerecht sind, wissen die Untertanen nicht, wo sie ihre Hände und Füsse hintun sollen. Darum ist der edle und gerechte Mensch stets genau in seiner Ausdrucksweise, und seine Worte sind nicht doppelsinnig. Daher können seine Befehle ohne Gefahr des Missverstehens ausgeführt werden.»

Heilige Namen

Ein indischer Heiliger predigte am Ganges seinen Schülern und redete über die Kraft der Worte. Da kam ein englischer Gelehrter herbei, hörte eine Weile zu und unterbrach plötzlich den frommen Sadhu, indem er rief: «Was du da über die Kraft der Worte und heiligen Namen redest, ist Unsinn. Wir europäischen Wissenschaftler haben längst nachgewiesen, dass Laute nichts anderes sind als Schwingungen, denen an sich keine besondere Wirkung zukommt.»

«Sie sind ein Dummkopf, sie sollten schweigen», gab der Prediger gelassen zurück.

«Was sagst du da?» schrie der Europäer erbost. «Du willst ein indischer Heiliger sein und nennst mich, einen englischen Professor, einen Dummkopf. Das wird dich noch teuer zu stehen kommen!»

Da antwortete der Inder ruhig: «Soeben haben Sie behauptet, dass Worte keinerlei Kraft haben. Wenn nun das Wort Dummkopf bei Ihnen eine derartige Wirkung auslöst, was für eine Wirkkraft müsste dann erst von einem heiligen Namen wie Ramah, Krishna oder Buddha ausgehen?»

Wege zur Wahrheit

Zweierlei Wahrheit

Ein Gelehrter strebte unermüdlich nach der Wahrheit. Er unternahm ausgedehnte Reisen, um mit Wissenschaftlern ins Gespräch zu kommen oder um an Konferenzen und Tagungen teilzunehmen. Auch las er eine grosse Menge Bücher und Zeitschriften. Ihn interessierte nur eines: die Wahrheit.

Eines Tages beklagte sich seine Frau, wie ungerecht er sie behandle, wie sehr er die eheliche Gemeinschaft vernachlässige und für ein gemeinsames Gespräch keine Zeit habe. Da musste die Frau feststellen, dass ihr Mann zwar fortwährend nach der Wahrheit sucht, für alltägliche und naheliegende Wahrheiten aber weder Sinn noch Interesse aufbringt.

Die Hummel fliegt

Ein Weiser belehrte seine Schüler: «Die Wissenschaftler haben auf Grund exakter Messungen festgestellt, dass die Hummel zu schwer ist und zu kurze Flügel hat, um fliegen zu können. Die Hummel weiss dies jedoch nicht – und fliegt.»

Das fliegende Pferd

Im alten Indien wurde ein Mann wegen eines Vergehens von seinem König zum Tode verurteilt. Da bat der Verurteilte seinen Herrscher, das Urteil wenigstens um ein Jahr aufzuschieben, damit er sich als des Königs bester Untertan erweise und so sich seine Gunst erwirke.

Der König willigte ein, stellte aber zur Bedingung, dass er in dieser Zeit seinem Pferd das Fliegen beibringe, ansonst das Todesurteil vollstreckt würde.

Der Mann, dem auf diese Weise eine Galgenfrist gewährt wurde, willigte ein. Doch seine Familienangehörigen fragten ihn besorgt, wie er in nur einem Jahr ein so unmögliches Versprechen einhalten wolle. Gelassen antwortete er: «Im Verlauf eines Jahres kann so manch Unerwartetes geschehen: Der König kann sterben. Oder es kann ein Krieg ausbrechen, so dass der König es sich nicht leisten kann, einen seiner Soldaten hinzurichten. Aber auch das Pferd kann sterben, oder es wird tatsächlich fliegen lernen. Wer weiss, was uns die Zukunft bringt.»

Der alte Fischer

Wie es mit dem alten Fischer ans Sterben ging, versammelte er seine erwachsenen Söhne, die von ihm das Fischerhandwerk erlernt hatten, um sich. «Hört, meine Söhne», begann der sterbende Alte feierlich, «ich will euch, bevor ich das Zeitliche segne, mein Berufsgeheimnis verraten: In diesem See, in dem ich meiner Lebtag lang gefischt habe, gibt es keinen einzigen Fisch, der kleiner wäre als die Länge meiner Hand.»

Nun, wie kam der Fischer zu dieser Erkenntnis? Er fischte stets mit einem Netz, dessen Maschen so weit waren, dass er bequem mit seiner Hand hindurchgreifen konnte.

Genauso ist es mit unserer Erkenntnis. Wir begreifen nur das, was wir mit der Spannweite unserer Sinne erfassen können.

Das eine in allem

Ein junges Mädchen ging zu einer weisen Frau und wollte wissen: «Wie kann ich in unserer Welt, wo es so viel Hässliches, Trauriges und Widerliches gibt, an das Gute glauben?»

Die Wissende gab ihr folgende Weisung: «Erkenne in allem, was dich umgibt und dir begegnet, immer nur das Ewige. Höre in allen Tönen himmlische Musik, sehe in allen Farben und Formen den göttlichen Funken, verehre in allen Pflanzen, in allen Tieren und in allen Menschen deine Schwestern und deine Brüder, und du wirst an allen Orten das Gute, Edle und Wahre finden. In unserer zwiespältigen Welt ist immer beides vorhanden: Licht und Schatten, Hell und Dunkel, Leben und Tod. Niemals kann das eine ohne das andere von uns erkannt werden. Das Wirkliche aber ist keines von beidem, es ist nicht in der Trennung und nicht im Zwiespalt, sondern in der Einheit. Solange wir aber in der Zweiheit sind, können wir die Einheit nicht denken. Das eine ist in allem und alles ist in einem.»

Bescheidenheit tut not

Einem Fremden, der sich für einen Wahrheitssucher hielt, sagte der Weise: «Wenn du wirklich die Wahrheit und nicht deine Rechthaberei suchst, sollst du eines nie vergessen...»

Der andere fiel ihm ins Wort: «Ich weiss, ich darf mich von der Meinung anderer Leute nicht beirren lassen.»

«Nein, das ist es nicht», erwiderte der Weise. «Bewahre vielmehr die stete Bereitschaft zuzugeben, dass du dich irren könntest.»

Fünf blinde Bettler

In einem indischen Dorf gingen fünf Bettler, die von Geburt an blind waren, täglich mit ihren Reisschalen von Haus zu Haus, um eine karge Mahlzeit zu erbitten. Eines Tages stiessen alle fünf mit einem Elefanten zusammen, der sich ihnen plötzlich in den Weg stellte. Wie sie sich nach dem Zusammenprall von ihrem Schrecken erholt hatten, setzten sie sich an den Strassenrand, und der eine sagte: «Jetzt wissen wir endlich, wie ein Elefant ausschaut.»

«Wie schaut er denn aus», wollten die anderen wissen.

«Ein Elefant schaut aus wie eine mächtige Säule», meinte jener, der mit dem Vorderfuss des Elefanten zusammengestossen war.

«Stimmt nicht», behauptete der zweite: «Ein Elefant sieht aus wie ein riesiger Fels», denn dieser war mit dem Kopf des Tieres zusammengeprallt.

«Nein, so ist es nicht», mischte sich der dritte ein: «Ein Elefant hat die Form eines riesigen Baumblattes.» Er hatte nämlich eines seiner Ohren zu spüren bekommen.

Der vierte war damit nicht einverstanden und gab zu verstehen: «Ein Elefant hat die Gestalt eines riesigen Schlauches», denn er berührte beim Zusammenstoss den Rüssel.

Der fünfte schliesslich kam zum Ergebnis: «Ihr habt alle unrecht. Ein Elefant muss einem buschigen Rasierpinsel ähnlich sein.» Dieser hatte den Schwanz des Dickhäuters erwischt.

So haben alle fünf Bettler einen Teil der Wahrheit erfasst, keiner aber erkannte die ganze Wahrheit.

Der warme Kieselstein

In einem alten Buch von seltenem Wert las ein Mann den Hinweis, dass irgendwo an der Schwarzmeerküste unter Abertausenden von Kieselsteinen sich ein einziger befinde, der die Kraft habe, alles, was mit ihm in Berührung kommt, in pures Gold zu verwandeln. Als das besondere Merkmal dieses einmaligen Kieselsteins war in dem Buch vermerkt, er fühle sich so warm an, als ob er lebendig wäre.

Der Mann freute sich über die geheimnisvolle Botschaft des Buches. Er verkaufte sein ganzes Hab und Gut und reiste mit dem Erlös ans Schwarze Meer, um dort nach dem seltenen Stein zu suchen. Dort angekommen, schlug er am Ufer sein Zelt auf. Jeden Tag machte er sich auf die Suche, indem er jeden einzelnen Kieselstein, den er am Strand fand, aufhob und befühlte.

Fühlte sich ein Stein kalt an, warf er ihn ins Meer, damit dieser ihm nicht zweimal in die Finger komme. So mühte sich jener Mann Tag für Tag bei seiner gleichförmigen und eintönigen Tätigkeit ab, die er mit der Zeit beinahe gedankenlos ausführte.

Wie ihm nach einem Jahr das Geld ausging, borgte er sich eine grössere Summe, so dass er noch während zwei weiteren Jahren seine Sucharbeit fortsetzen konnte. Von früh morgens bis spät am Abend wiederholten sich so stets die gleichen

Handbewegungen: Kieselsteine aufheben, prüfen, ob sie sich warm anfühlen, wenn nicht, ins Meer mit ihnen. So ging es Tag für Tag, Woche für Woche, Monat für Monat.

Eines Tages hob der Mann wieder einen der vielen Kieselsteine auf, der sich tatsächlich warm anfühlte, doch aus lauter Gewohnheit warf er ihn, wie alle anderen bisher auch, weit hinaus ins Meer und verpasste so die grosse Glücksmöglichkeit seines Lebens.

Die halbe Wahrheit

Auf seinen Predigtreisen kam der Prophet Mohammed mit einem Begleiter in eine fremde Stadt. Da kam ihm ein Anhänger seiner Glaubenslehre mit bekümmerter Miene entgegen und klagte: «Herr, in dieser Stadt wirst du nicht viel ausrichten können. Die Leute hier sind allesamt dumm und unbelehrbar.»

Der Prophet antwortete gelassen: «Du hast recht, so ist es.»

Kurz darauf kam ein anderer Glaubensbruder auf den Propheten zu und berichtete ihm voller Zuversicht: «Herr, in dieser Stadt wirst du offene Herzen finden. Die Menschen hier sind klug und lerneifrig.»

Mohammed entgegnete freundlich: «Du hast recht, so ist es.»

Da wandte sich der Begleiter seinem Meister zu und fragte: «Wie soll ich das verstehen? Zu dem einen sagtest du, er habe recht und dem anderen, der dir das genaue Gegenteil berichtete, gabst du ebenso recht. Kann denn etwas zugleich wahr und unwahr sein?»

Da erklärte ihm der Prophet: «Jeder Mensch erkennt stets nur die eine Hälfte der Wahrheit. Je nachdem, auf welcher Seite der Wahrheit er steht, sieht er mehr deren helle oder deren dunkle Seite. Jeder der beiden hat etwas Wahres gesagt, doch keiner erkannte die ganze Wahrheit. Auch die Bewohner dieser Stadt haben ihre zwei Seiten. Sie sind sowohl dumm als auch klug, sie sind offen und ebenso verschlossen meiner Lehre gegenüber. Es hängt nun von uns beiden ab, von welcher Seite wir ihnen begegnen wollen.

Alles nur Teilwahrheiten

Zu Buddha kam einmal ein Schüler und wollte wissen, was die unverfälschte, ganze Wahrheit sei. Der Erhabene las ein paar Baumblätter vom Waldboden auf, hielt sie dem Fragenden hin, und belehrte ihn: «So wie diese Blätter nicht der ganze Baum sind und ein Baum nicht der ganze Wald ist, ebenso sind die Wahrheiten, die wir wissen und aussprechen können, niemals die ganze Wahrheit. Die ganze Wahrheit werden wir nie begreifen, sowenig wir imstande sind, alle Blätter eines Baumes oder alle Bäume eines Waldes mit einer einzigen Hand ergreifen zu können.»

Der Wahrheitssucher

Zu einem Weisheitslehrer kam einmal eine junge Frau und wollte wissen: «Wo finde ich die Wahrheit?»

«Grabe ein Loch in die Erde!» befahl ihr der Weise.

Nachdem die Frau in den Sand ein tiefes Loch gegraben hatte, stiess sie auf Wasser. Nun führte der Lehrer seine Schülerin an einen anderen Ort und hiess sie auch dort, ein Loch in die Tiefe zu graben. Dies tat sie, und wiederum stiess sie auf Wasser. Da sagte ihr der wissende Mann: «Wo immer du gräbst, findest du Wasser. Es ist stets das gleiche Wasser, mehr oder weniger verunreinigt. Mit der Wahrheit ist es ebenso. Wahrheit ist überall, mehr oder weniger verfälscht, verzerrt und entstellt.»

Die ganze Wahrheit

Eine junge Frau schlenderte in einer belebten Strasse an mehreren Kaufläden vorbei, da und dort die Auslagen bewundernd. Da sah sie ein Schild vor dem Eingang eines kleinen

Geschäftes. «Wahrheit zu verkaufen», stand darauf geschrieben. Die Frau trat neugierig ein und fragte die Verkäuferin: «Welche Art von Wahrheit ist hier zu haben.»

«Wir verkaufen verschiedene Arten von Wahrheiten: Teilwahrheiten, Halbwahrheiten und auch ganze Wahrheiten.»

«Ich nehme nur ganze Wahrheiten», meinte die Kundin. Die Verkäuferin hinter dem Ladentisch war etwas überrascht ob dem ungewohnten Begehren und sagte: «Der Preis für eine ganze Wahrheit ist sehr hoch.»

«Wieviel?»

«Wenn Sie diese hier nehmen, bezahlen Sie mit dem Verlust Ihrer Ruhe und Zufriedenheit, und zwar für den ganzen Rest Ihres Lebens. Nehmen Sie jene, kostet Sie das Ihren Seelenfrieden, und wollen Sie diese hier haben, die kostbarste von allen, verlieren Sie all Ihre Freunde.»

Traurig verliess die junge Frau den Wahrheitsladen, ohne etwas gekauft zu haben. Der Preis für die ganze Wahrheit war ihr wirklich zu hoch, und Halbwahrheiten hatte sie selber schon genug.

Wechsel und Wandel

«Gibt es etwas Beständiges und Festes in unserer Welt, auf das man sich verlassen kann?» wollte ein Schüler von seinem Lehrer wissen.

«Nichts ist beständig. Alles geht vorüber», gab der Lehrer zur Antwort.

«Aber es gibt doch das Feste, das Starre, das Erstarrte.»

«Auch das war nicht immer fest und starr. Und es kommt der Tag, da auch dieses wieder weich und biegsam wird.»

«Tritt diese Veränderung regelmässig ein?» wollte der Schüler erfahren.

«Das einzig Regelmässige ist die Unregelmässigkeit.»

«Gibt es denn gar nichts Beständiges?»

«Das einzig Beständige ist stets nur der Wandel.»

Das Land der Liebe

Von einem Meister wollten seine Schüler erfahren, welche geistigen Stufen auf der Suche nach der Wahrheit zu erringen seien.

«Zuerst nahm mich mein Engel an der Hand», erklärte ihnen der Weisheitslehrer, «und führte mich in das Land des Lernens, wo ich eine lange Zeit verblieb.»

«Und weiter?» fragten die Schüler, nun neugierig geworden.

«Dann wies er mich in das Land der Enttäuschungen, um meine Demut zu erproben. Dort verweilte ich so lange, bis ich mein Herz weder an Dinge noch an Menschen hängte.»

«Und dann?»

«Wie ich befreit war von allen irdischen Abhängigkeiten, lenkte mich mein Schutzgeist in das Land des Leidens, dessen brennende Flamme jede Selbstsucht in mir versengte.»

«Was geschah danach?»

«Schliesslich führte er mich, damit ich zu mir selber käme, in das Land der Stille, wo ich Gelegenheit fand, über das Geheimnis unseres wahren Wesens nachzudenken.»

«War das deine letzte Station auf der Suche nach der Wahrheit?» wollten die Schüler wissen.

«Nein», sprach der Meister, «nachdem ich alle diese Stufen durchwandert hatte, kam eines Tages der Engel und sagte zu mir: ‹Nun geleite ich dich in das innerste Heiligtum, in das Herz von Gott selbst.› Und er führte mich in das Land der Liebe.»

Die einzige Wirklichkeit

Ein geistiger Meister befahl seinem Schüler: «Bringe mir dort vom Baum eine Feige!»

«Hier ist sie», sagte der folgsame Jüngling.

«Öffne sie!»

«Meister, es ist geschehen.»

«Was siehst du darin?»

«Winzige Keime, sonst nichts.»

«Öffne einen der Keime!»

«Meister, ich habe es geschafft.»

«Was siehst du nun?»

«Meister, ich kann überhaupt nichts Besonderes sehen.»

«Dieser allermeiste Stoff, mein Sohn, den du nicht siehst, ist das Selbst des Universums. Dies ist das einzig Wirkliche. Es ist das Eigentliche, das Wahre, und das bist du.»

Das erhabene Werk

Ein Weiser wurde gefragt: «Welches ist die wichtigste Zeit unseres Lebens.»

Der Wissende antwortete: «Die wichtigste Zeit unseres Lebens ist stets die Gegenwart.»

«Und welches ist der bedeutendste Mensch, dem wir begegnen können?»

«Der wichtigste Mensch, dem wir begegnen können, ist jener, dem wir gerade gegenüberstehen.»

«Und welches ist das erhabenste Werk, das wir verrichten können?»

«Das erhabenste Werk ist immer eine Tat der Liebe.»

Weniger wäre mehr

Ein Bauer wollte Land kaufen. Ein Grossgrundbesitzer machte ihm ein sagenhaftes Angebot: Er dürfe für 1000 Rubel so viel Land sich aneignen, wie er vom Sonnenaufgang bis zum Sonnenuntergang umschreiten könne.

Der Bauer macht sich auf und eilt schnellen Laufs davon, um möglichst viele Äcker, Wiesen und Wälder zu umrunden, die dann ihm gehören sollten. Gegen Mittag quälen ihn Hitze und Müdigkeit, doch er hastet unbeirrt weiter. Schliesslich muss er umkehren, denn der Tag geht zur Neige. Da muss er feststellen, dass er viel zu weit gelaufen ist und sich beeilen muss, um beim Grossgrundbesitzer wieder anzukommen, ehe die Sonne untergeht. Endlich erreicht er mit letzter Kraft seinen Ausgangspunkt und bricht tot zusammen.

Was hat er nun von seiner übertriebenen Besitzgier? Wäre er mit weniger zufrieden gewesen, hätte er jetzt mehr.

Das gefällige Wetter

Ein Wanderer fragte im Vorübergehen einen Hirten, der seine Schafe weidete: «Wie wird das Wetter heute?»

«Ich denke, es wird so sein, dass es mir gefällt», antwortete der Schäfer.

«Woher willst du wissen, dass das Wetter so sein wird, dass es dir gefällt?» fragte der Fremde.

«Da ich das Wetter nicht nach meinem Belieben machen kann, habe ich mir angewöhnt, jedes Wetter als gefällig anzusehen», gab der Hirte zurück. Nach einer Weile fügte er nachdenklich hinzu: «Wie jeder Mensch habe auch ich nur die Wahl, entweder einzusehen, dass ich nicht immer bekomme, was ich mir wünsche, oder das zu wünschen, was mir zukommt. Da ich mich für das zweite entschieden habe, bin ich ganz sicher, dass das Wetter heute so wird, wie es mir gefällt.»

Die verborgene Wirklichkeit

«Was ist die wesentlichste Erkenntnis in deinem langen Leben?» fragten die Töchter und Söhne ihren betagten Vater.

«Das eine Wirkliche hinter den Erscheinungen des Vielen zu sehen», antwortete der Alte.

«Wie gelangen wir zu dieser Einsicht?» wollte sein ältester Sohn wissen.

Der Vater reichte ihm eine Handvoll Salz und befahl ihm, dieses in einen Eimer voll Wasser zu geben. Und so geschah es.

Am folgenden Morgen forderte der Vater seinen Ältesten auf: «Bringe mir das Salz, das ich dir gestern gab!»

«Es ist nicht mehr da. Es hat sich im Wasser vollständig aufgelöst.»

«Koste das Wasser!» sagte der Vater. «Wie schmeckt es?»

«Salzig.»

«Also ist das Salz im Wasser», stellte er fest. «Giess das Wasser aus!» forderte der Vater ihn auf.

Der Sohn tat, wie ihm befohlen. Am folgenden Tag lag eine Kruste Salz auf dem Erdboden.

«Siehst du, so ist es mit allem. Das Wirkliche ist für uns oft nicht fassbar, nicht sichtbar, nicht erkennbar. Es hält sich hinter den Erscheinungen des Wahrnehmbaren verborgen.»

Kleine Schritte

Zu einem Mann, den das Volk als Weisen verehrte, kam eine Schar junger Menschen mit der Absicht, dessen Schüler zu werden und von ihm Weisheit zu lernen. Bei Tagesanbruch erreichten sie seine Hütte. Der weise Mann sass unbeweglich und mit geschlossenen Augen da und achtete der Angekommenen nicht. Da wandten sich die ersten enttäuscht ab und gingen davon. Die anderen lagerten sich um den Meister herum und harrten der kommenden Dinge.

Wohl öffnete der Weise gelegentlich seine Augen und betrachtete die Jünglinge lange, jeden einzelnen von ihnen, doch sprach er kein Wort. Da standen einige der Wartenden auf und verabschiedeten sich bei ihren Kameraden. Gegen Mittag erhob sich der Meister endlich und reichte den jungen Männern wortlos ein Mahl aus Früchten und Beeren. Auch bot er ihnen Wasser zum Trinken an. Nach der Mahlzeit gingen bis auf einen alle zurück, woher sie gekommen waren.

Nun erhob sich der Meister und führte den Jüngling, der als einziger geblieben war, durch den Wald und sammelte Kräuter und Früchte. Der Jüngling jedoch wollte Tiere jagen. Da wandte sich der Meister an ihn und sprach zu ihm von der Seele der Tiere und wie auch diese Freude und Schmerz empfinden ähnlich wie der Mensch. Beschämt senkte der Jüngling das Haupt. Weiter sprach der Weise zu ihm vom göttlichen Funken, der in allen Wesen wohnt: im Stein, im Wasser, in der Luft, in den Pflanzen wie in den Tieren und Menschen. Der ganze Kosmos sei durchströmt von dieser göttlichen Kraft.

Der Jüngling aber öffnete sein Herz und sank vor dem Meister in die Knie. Dieser hob ihn zu sich empor und nahm ihn als seinen Schüler an mit den Worten: «Nicht mit einem einzigen Sprung erreichst du das Ziel. Mit vielen kleinen Schritten ist der Weg zu meistern.»

Zeit zu leben

Ein Europäer wollte von einem chinesischen Weisen wissen, welches der wesentliche Unterschied sei zwischen einem westlichen und einem östlichen Menschen.

Der Chinese antwortete: «Ihr Abendländer lasst euch ständig hetzen und nehmt euch keine Zeit zu leben.»

Als der aus dem Westen stammende Fremde dies näher erklärt haben wollte, meinte der Weise: «Überprüfe einmal deinen Tageslauf. Wenn du am Morgen aufwachst, planst und berechnest du schon. Statt in Ruhe zu frühstücken, nimmst du deine erste Mahlzeit auf der Fahrt ins Geschäft ein. Während du dort hinfährst, bist du in Gedanken schon bei deiner Arbeit. Und so manches kannst du kaum erwarten. Am Morgen freust du dich auf den Feierabend, am Abend wartest du auf den folgenden Tag, zu Beginn der Woche sehnst du dich nach dem Wochenende und am Sonntag beschäftigst du dich mit der kommenden Arbeitswoche.»

«Und wie machst es du?» fragte der Weisse den Weisen.

«Wenn ich aufwache am Morgen, bin ich dankbar, dass mir ein neuer Tag geschenkt ist. Wenn ich mich an den Tisch setze, geniesse ich den Geschmack der Speisen. Wenn ich mich auf den Weg mache, betrachte ich neugierig, was mir begegnet. Mit meinem Ziel beschäftige ich mich erst, wenn ich dort angelangt bin. Ich lebe in der Gegenwart, ohne mich allzusehr darum zu sorgen, was gestern war und was morgen sein wird. Dies ist das Geheimnis der Ruhe und inneren Gelassenheit, das ihr Europäer an uns Asiaten bewundert und doch nie begreift.»

Das Wichtigste

Ein grosser Lehrer wurde von seinen Schülern gefragt: «Welches ist der wichtigste Gedanke, den wir denken können?»

Der Meister antwortete: «Der wichtigste Gedanke ist der des Friedens.»

«Und welches ist das wichtigste Wort, das wir aussprechen können?»

«Das wichtigste Wort ist das des Verzeihens», belehrte der Gefragte seine Schüler.

«Und welches ist die wichtigste Tat, die wir verrichten können?»

«Die wichtigste Tat ist die Versöhnlichkeit.»

Verschiedene Standpunkte

Drei Brüder bestiegen einen hohen Berg, um dort den Sonnenaufgang zu bewundern. Im ersten Strahl der aufgehenden Sonne sahen sie vor sich einen Strauch, an dem ein Tautropfen hing, in dem sich die Sonne spiegelte.

«Seht doch», rief der eine, der unmittelbar vor dem Strauch stand, «wie der Tautropfen strahlt. Wie schön blau er ist. Er leuchtet wie ein Saphir!»

«Du irrst dich, lieber Bruder», sprach der andere, der nach rechts etwas abseits stand. «Der Tropfen ist nicht blau, sondern rot wie ein Rubin. Herrlich, wie er funkelt!»

«Aber Brüder», rief der dritte, der links neben dem Strauch stand, «wie steht es doch mit euren Augen! Der Tautropfen ist weder blau noch rot, sondern zartgrün wie ein Smaragd!»

Da gerieten die drei Brüder ob ihrer unterschiedlichen Standpunkte miteinander in heftigen Streit und vergassen, den Aufgang der Sonne zu bewundern.

Mehr hören als reden

Ein junger Rabbi fragte einen älteren: «Wie kommt es, dass wir zwei Ohren haben und nur einen Mund?»

Der Ältere gab zur Antwort: «Damit wir doppelt soviel hören, als wir sprechen sollen.»

Das verplante Leben

Ein geschäftiger Mann war stets darauf bedacht, jede Minute seines Lebens zu nutzen. Nichts wollte er dem Zufall überlassen, alles musste durchdacht und sorgfältig geplant sein.

Wenn er bei der Arbeit war, überlegte er, wo er wohl am besten seine Ferien verbringen könne. War er am Ferienort angelangt, hielt er es dort nicht lange aus, sondern unternahm von hieraus eine Reise in die Nachbarstadt. Kaum dort angekommen holte er seinen Fahrplan hervor, um nachzusehen, wann er den nächsten Zug für die Rückfahrt nehmen sollte. Sass er abends bei Tisch, überlegte er, wo nach dem Essen ein gutes Glas Wein zu bekommen wäre, und hatte er es dann getrunken, kam ihm in den Sinn, dass bei dieser Hitze ihm ein Glas Bier wohl besser entsprochen hätte.

So hatte dieser Mann kaum je etwas mit Ruhe und Hingabe getan. Immer war er in Eile und stets auf der Suche nach dem, was noch zu tun wäre. Und als er auf dem Sterbebett lag, wunderte er sich, dass alles so schnell vorbei war und dass er von seinem Leben eigentlich wenig hatte.

Die Welt richtig zusammensetzen

Ein Vater sollte abends seinen sechsjährigen Sohn hüten, während die Mutter an einer Versammlung war. Der Kleine lag dem Vater dauernd in den Ohren: «Papi, was ist das, wie heisst das?» Mit seiner ständigen Fragerei brachte er den Vater beinahe zur Verzweiflung, denn dieser wollte noch unbedingt einen Stoss Akten für die morgige Sitzung durcharbeiten, doch der kleine Bengel liess ihm keine Ruhe.

Da sah der Vater auf einem Sofa eine Illustrierte liegen und hatte eine Idee: «Bringe mir eine Schachtel und eine Schere», befahl er seinem Sohn, «ich weiss ein spannendes Zusammensetzspiel für dich!»

Wie der Bub das Gewünschte brachte, zerschnitt der Vater eine Weltkarte, die er soeben aus jener Zeitschrift herausgenommen hatte, in viele kleine und grössere Teile und warf diese in die Schachtel. «So, jetzt geh in dein Zimmer und lass dich nicht mehr blicken, bis du die Weltkarte wieder richtig zusammengesetzt hast», sagte der Vater, der nun hoffte, eine Weile seine Ruhe zu haben.

Nach zehn Minuten kam der Knabe schon wieder daher und hielt in seinen Händen die zusammengesetzte Weltkarte. Halb verärgert über die dauernde Störung, halb stolz über die Tüchtigkeit seines Sohnes, fragte er: «Wie hast du dies so schnell zustande gebracht?»

«Ganz einfach, Papi, als du die Welt zerschnitten hast, habe ich gesehen, wie du auf der Rückseite einen Menschen zerschnitten hast. Nun musste ich bloss den Menschen richtig zusammensetzen, und dann war auch die Welt richtig zusammengesetzt.»

Sich in der Wahrheit üben

Ein Schüler wollte von seinem Meister wissen: «Machst du ununterbrochen Anstrengungen, um dich in der Wahrheit und Weisheit zu üben?»

«Ja, das tue ich», antwortete der Meister.

«Wie übst du dich?» fragte der Lernende.

«Wenn ich hungrig bin, so esse ich, wenn ich schläfrig bin, so schlafe ich, und wenn ich müde bin, so ruhe ich mich aus.»

«Aber das tut doch jeder. Kann man denn von jedem sagen, er übe sich in der Wahrheit und Weisheit, so wie du?»

«Nein», entgegnete der Weise.

«Warum denn nicht?»

«Weil die anderen, wenn sie essen, nicht bloss essen, sondern über die verschiedensten Dinge nachdenken und sich unterhalten, und sich dadurch ablenken lassen. Und wenn sie müde sind, ruhen sie nicht, sondern sie lesen in ihren Zeitungen oder schlagen ihre Zeit vor dem Fernseher tot. Und wenn sie schlafen, so schlafen sie nicht, sondern sie träumen von tausend Dingen, die sie am Tage erlebt und nicht richtig verarbeitet haben. Darum üben sie sich nicht in der Wahrheit und Weisheit, so wie ich.

Der kluge Weg

Der chinesische Weise Konfuzius wurde gefragt: «Welche Wege können wir beschreiten, um klug zu handeln?»

«Der erste Weg ist der Weg des Denkens. Dies ist der edelste Weg.»

«Und welches ist der zweite Weg?»

«Der zweite Weg ist der Weg der Nachahmung des Guten. Das ist der leichteste.»

«Gibt es noch einen dritten Weg?»

«Ja, der dritte Weg ist der Weg, durch Erfahrung klug zu werden. Dies ist der bitterste.»

Saat und Ernte

Unkraut oder Weizen?

Ein Bauer bestellte seinen Acker, indem er Weizen säte. Nach einigen Wochen sah er es üppig grünen und wachsen. Da die jungen Pflänzchen zunächst recht ähnlich aussahen, fragte er sich: «Wie soll ich nun unterscheiden, was Unkraut und was Weizen ist?»

Ein pfiffiger Nachbar riet ihm: «Reiss alles aus, was wiederkommt, ist das Unkraut.»

Ein weiser Nachbar aber belehrte ihn: «Lass alles wachsen und reifen. An der Frucht wirst du deine Saat erkennen.»

Samen statt Früchte

Ein junger Mann träumte, er befände sich in einem Kaufladen. Mit selbstsicherer Miene fragte er den älteren Mann hinter dem Ladentisch: «Was gibt es hier zu kaufen?»

Der Alte wies auf die vollen Regale hin und sagte: «Alles, was das Herz begehrt.»

«Nun gut, dann geben Sie mir eine gute Portion Glück, Liebe und Zufriedenheit!» forderte der Jüngling.

Erstaunt sah ihn der Ladenbesitzer an und erwiderte: «Mein lieber junger Mann, Sie haben mich wohl nicht richtig verstanden. Ich verkaufe keine Früchte, sondern nur die Samen dazu.

Das Königsspiel

Ein König rief seine weisen Ratgeber zu sich und beklagte sich bei ihnen über die Langeweile, die ihn öfter plage. Er forderte sie auf, ihm ein neues Spiel zu Unterhaltung und Zeitvertreib vorzuschlagen.

Eines Tages trat einer der Weisen vor den Herrscher und brachte ihm ein Schachbrett und einige kleine Holzfiguren. Wie er dem König das neue Spiel erklärte, war dieser hell entzückt und versprach, ihn reich zu belohnen.

«Was begehrst du als Lohn?» wollte der König wissen.

«Ich möchte», sprach der Weise, «dass Ihr mir zum Lohn Reiskörner auf das Schachbrett legt, und zwar ein Korn auf das erste Feld und auf jedes weitere Feld das Doppelte des vorangegangenen. Die Menge Reis, die sich daraus ergibt, bitte ich für mich behalten zu dürfen.»

Der König dachte bei sich: «Wenn das weiter nichts ist!» und er befahl seinen Dienern, das nötige Korn aus den Speichern herbeizuholen. Wie dies immer noch nicht reichte, mussten seine Untertanen ihre Vorräte herbeischaffen. Sogar das Korn von den Feldern musste geerntet werden, und immer noch fehlte eine grosse Menge. Als der Buchhalter des Königs schliesslich nachrechnete, kam er auf zweihundertachtundachtzig Milliarden Tonnen Reis. Das sind tausendmal die heutige Welternte pro Jahr.

Der König konnte also seinem weisen Ratgeber den geforderten Lohn nicht entrichten, doch entschädigte er ihn, indem er dem Schachspiel seinen Namen gab. Daher heisst dieses Spiel seither «Königsspiel».

Der Schatz im Weinberg

Ein Weinbauer hatte drei Söhne. Als diese älter wurden, begannen sie die mühsame Arbeit im Rebberg des Vaters leid zu werden. So fingen sie in ihrer Unzufriedenheit an zu murren und sagten sich: «Nach dem Tod des Vaters werden wir den Weinberg verkaufen.»

Als der Vater krank wurde und ahnte, dass es mit ihm zu Ende gehe, überlegte er lange, wie er seinen Söhnen und Enkeln das fruchtbare Land erhalten könnte.

Eines Tages rief er die drei Söhne an sein Krankenlager und eröffnete ihnen: «Mein Leben neigt sich dem Ende zu. Nach meinem Tod sollt ihr im Weinberg finden, was ihr zu eurem Wohlergehen braucht.»

Nun vermuteten die drei Söhne, ihr Vater habe im Weinberg einen Schatz vergraben. Als er im folgenden Frühjahr starb, fingen sie sogleich an, mit Hacke und Schaufel die Erde zwischen den Rebstöcken umzugraben. Doch statt eines Goldschatzes kamen nur grössere und kleinere Steine an die Oberfläche, die sie enttäuscht liegenliessen.

Im Herbst aber trugen die Reben so reichlich Trauben wie nie zuvor. Das Umgraben und Lockern der Erde hatte ihre Fruchtbarkeit angeregt. So kamen die Söhne zu ihrem Schatz, den der Vater versprach. Es war nämlich der reiche Ertrag nach getaner Arbeit.

Gute und schlechte Saat

Ein gutgesinnter Bauer bestellte im Frühjahr seinen Acker. Ein bösgesinnter Nachbar tat es am gleichen Tag ebenso. Während zwei Wochen ruhte die Saat, und die beiden Äcker sahen gleich aus, obwohl der wohlgesinnte Bauer Weizen von der besten Qualität säte, der übelgesinnte Bauer aber von der billigsten Sorte nahm. Da fing der gutdenkende Bauer an zu zweifeln, ob sich seine teure Aussaat gelohnt habe. Hätte er es vielleicht seinem Nachbarn gleichtun sollen, der aus Geiz weit schlechteren Samen ausstreute?

Er teilte seine Bedenken dem Gemeindevorsteher mit. Dieser wusste ihn zu beruhigen, indem er sprach: «Es geht dem guten Manne schlecht, solange seine gute Saat nicht aufgegangen ist. Es geht dem schlechte Mann gut, solange seine schlechte Saat nicht aufgegangen ist. Wenn aber dem guten Manne seine gute Saat aufgegangen ist, dann geht es ihm gut. Und wenn dem schlechten Manne seine schlechte Saat aufgegangen ist, dann geht es ihm schlecht.»

Wege zur Weisheit

Das Geheimnis des Brunnens

Ein Mann erfuhr, nachdem er jahrelang auf der Suche war nach dem Wesen der Dinge, ein alter Ziehbrunnen berge die Antwort, die er so eifrig zu wissen begehrte. Nachdem der Mann diesen Brunnen gefunden hatte, stellte er ihm seine Frage, und aus der Tiefe erklang die Antwort: «Geh zur Strassenkreuzung im Dorf. Dort wirst du finden, was du suchst!»

Voller Hoffnung gehorchte der Mann. Bei der angegebenen Stelle fand er nur drei Läden: in einem wurden Metalldrähte verkauft, im zweiten wurde Holz zum Kaufe angeboten, und im dritten konnte man für wenig Geld die verschiedensten Metallstücke bekommen. Doch nichts und niemand in dieser Gegend schien eine Antwort auf seine Frage nach dem Wesen der Dinge zu haben.

Enttäuscht kehrte der Mann zum Brunnen zurück und verlangte eine Erklärung. Aus der Tiefe des Brunnens ertönte die Antwort: «Eines Tages wirst du verstehen.»

Der Mann äusserte lautstark seinen Unmut mit lautem Geschrei, doch alles, was er zu hören bekam, war sein eigenes Echo. Empört über den Betrug, dem er glaubte zum Opfer gefallen zu sein, setzte er seine Wanderung fort.

Im Laufe der Zeit verblasste seine Erinnerung an das Erlebnis mit dem Brunnen. Eines Abends hörte er den Klang einer Sitar. Es war eine wunderschöne Musik, die er vernahm, meisterhaft gespielt und voller Ausdruckskraft.

Der Mann fühlte sich von der Melodie mächtig angezogen und wollte wissen, woher sie kam. Wie er nun die Sitar in der Hand einer jungen Frau sah, verstand er plötzlich die Botschaft des Brunnens: das Instrument bestand genau aus jenen Drähten, Holzteilen und Metallstücken, die er vor langer Zeit in den drei Kaufläden gesehen hatte. Und so erkannte er, dass das Ganze weit mehr ist als alle Teile zusammen, aus denen es besteht. Das Wesen der Dinge finden wir nicht in seinen Teilen, sondern nur im Ganzen.

Sich selbst genügen

Der Meister kümmerte sich nicht, was die anderen Menschen über ihn dachten und von ihm hielten. Als seine Schüler wissen wollten, wie er zu diesem inneren Gleichmut gekommen sei, lächelte er und meinte: «Bis zu meinem zwanzigsten Lebensjahr war mir völlig gleichgültig, was die Leute von mir hielten. Von da an bis zu meinem fünfundvierzigsten Geburtstag fragte ich mich ständig, was wohl die Leute über mich dachten. Einen Tag danach aber fiel mir ein, dass sie sich kaum über mich Gedanken machten, weil sie nur daran interessiert waren zu wissen, was ich über sie denke.»

Des Vaters Rat

Zu einem erfahrenen Mann kam einmal ein Siebzehnjähriger und beklagte sich: «Ich verstehe mich mit meinem Vater überhaupt nicht mehr. Er besitzt altmodische Ansichten und hat keine Ahnung von dem, was heute modern und zeitgemäss ist. Am liebsten würde ich von zu Hause weglaufen.»

Da antwortete der Ältere: «Junger Freund, ich kann dich gut verstehen. Als ich in deinem Alter war, kam mir mein Vater genauso ungebildet und rückständig vor. Doch man muss Geduld haben mit alten Leuten, sie entwickeln sich langsamer als ihr Jungen. Nach zehn Jahren, als ich siebenundzwanzig war, hatte er doch einiges dazugelernt, so dass ich mich schon ganz vernünftig mit ihm unterhalten konnte. Und heute, da ich siebenunddreissigjährig bin, hat mein Vater es wirklich so weit gebracht, dass ich ihn gerne um Rat frage, wenn ich selber nicht mehr weiter weiss. Siehst du, so können sich alte Menschen ändern.»

Was die Liebe vermag

Ein Schüler ging zu seinem geistigen Lehrer und gestand, dass er trotz aller Übungen nicht vorwärtskomme auf dem Pfad des Wissens und der Weisheit. Daher wolle er den Unterricht bei ihm abbrechen. Der Meister gab ihm den Rat, die letzten Tage seines Aufenthaltes im Ashram allein in einem nahegelegenen Hause zu verbringen, um dort über seine Zukunft nachzudenken.

Der Lehrer schickte ihm nun jeden Tag ein gutes Essen und liess ihm ausrichten, er solle ruhig mit seinen Meditationsübungen aufhören und statt dessen ein bequemes Leben führen. Eines Tages sandte er ihm einen Korb mit köstlichen Früchten, die er ihm durch ein schönes, junges Mädchen überbringen liess.

Freudig überrascht von der Anmut und dem Liebreiz seiner Besucherin, bat er diese, zu verweilen. Doch sie kehrte sogleich dorthin zurück, woher sie gekommen war. Der Jüngling hoffte, sie bald wiederzusehen, und seine Sehnsucht war so gross, dass er sogar seine Mahlzeiten vergass, und auch sein Schlaf war dahin. Sein Herz war entflammt vom Feuer der Liebe.

Am letzten Tag besuchte ihn sein Lehrer, und dieser stellte fest, dass sein Schüler nun erwacht und empfänglich war für seine Belehrungen und all seine geistige Trägheit wie verflogen war.

Die klugen Kamele

Zarathustra wollte einst die Wüste durchqueren. Daher schloss er sich einer Kamelkarawane an. Nach einiger Zeit widersetzten sich die Tiere und blieben stehen. Der Karawanenführer begann sie mit Gewalt anzutreiben. Da hielt ihn Zarathustra zurück und sagte: «Diese klugen Tiere wissen offenbar etwas, was uns verborgen ist. Lass sie frei gewähren, und du wirst sehen, dass sie sich richtig verhalten.»

So kam es, dass die Kamele denselben Weg zurückkehrten, den sie gegangen waren. Kaum befand sich die Karawane wieder am Rande der Wüste, verfinsterte sich der Himmel. Ein furchtbarer Sandsturm brach herein. So entkam die Karawane einem grossen Unheil. Nach längerem Schweigen fragte der Karawanenführer: «Wie ist es möglich, dass du die Seelen meiner Kamele besser kennst als ich, der ich in der Wüste mit diesen Tieren aufgewachsen bin?»

Da erklärte der Weise: «Das kommt daher, dass ich um das begrenzte Wissen von mir und allen anderen Menschen weiss. Deshalb bin ich bereit, auch von Kamelen einen Rat anzunehmen.»

Der Karawanenführer dachte lange darüber nach und meinte dann: «Sind denn diese Tiere klüger als ich, der ich als Mensch ebenfalls die Gefahren der Wüste zu kennen glaube?»

Darauf antwortete ihm Zarathustra: «Diese Kamele sind nicht klüger als du, aber sie haben dir etwas voraus. Sie stehen nicht unter der Gewalt des Wunsches, so rasch wie möglich ein Ziel zu erreichen. Durch diesen Wunsch sind deine Sinne getrübt für alle Anzeichen, die dich zur Vorsicht, zum Warten oder zur Umkehr veranlassen könnten.» Und der Weise fuhr fort: «Darum tut jeder Mensch gut daran, auf einen anderen zu hören, der nicht nach raschem Erfolg strebt, weil er die Gefahren erkennt, die damit verbunden sind.»

Was ist Liebe?

Ein Bauer sass mit anderen Bauern in einem Wirtshaus. Sie tranken einen guten Wein, und der Worte wurden nicht viele gewechselt. Wie der Bauer die Wirkung des Weins langsam zu spüren bekam, wurde er gesprächiger. Da sagte er zu seinem Nachbarn: «Sag mal, liebst du mich, oder liebst du mich nicht?»

Jener antwortete mit schwerer Zunge: «Ja, ich liebe dich sehr.»

«Wie kannst du behaupten, du liebst mich, wenn du nicht weisst, was mir fehlt?»

Der andere blieb ihm die Antwort schuldig, und beide schwiegen wieder vor sich hin.

Ein Rabbi, der am Nachbartisch dieses Gespräch mithörte, verstand nun auf einmal, dass Liebe zu den Menschen eigentlich darin besteht, ihre Bedürfnisse zu spüren, ihren Kummer zu ahnen und ihre Sorgen mitzutragen.

Der Ziegenbock

Zu einem alten Rabbi kam ein Frau und klagte: «Rabbi, mein Leben ist nicht mehr erträglich. Wir wohnen zu sechst in einem winzigen Raum. Was soll ich nur machen?»

Der Rabbi antwortete: «Hol deinen Ziegenbock aus dem Stall und bring ihn auch in deinen Wohnraum!»

Die Frau glaubte, wohl nicht recht gehört zu haben. «Seit wann gehört ein Ziegenbock in ein Zimmer?» fragte sie entrüstet.

«Tue, was ich dir gesagt habe», entgegnete der Rabbi, «und komm nach einer Woche wieder!»

Nach einer Woche kam die Frau wieder zum Rabbi. Sie war mit ihren Nerven total am Ende, und verzweifelt sagte sie: «Wir halten es nicht mehr aus in dem engen Raum. Der Bock stinkt fürchterlich.»

Da riet ihr der Rabbi: «Geh nach Hause und bring den Ziegenbock wieder in seinen Stall. Dann komme in einer Woche wieder.»

Die Woche verging. Als die Frau zurückkam, strahlte sie über das ganze Gesicht und rief schon von weitem: «Das Leben ist herrlich, Rabbi! Wir geniessen jede Minute. Kein Ziegenbock – nur wir sechs in unserer Wohnung.»

Der barmherzige Yogi

Ein Yogi sass am Ufer des Ganges und meditierte. Als er die Augen öffnete, sah er einen Skorpion, der ins Wasser gefallen war und verzweifelt um sein Leben kämpfte. Voll Erbarmen streckte der Yogi seine Hand ins Wasser, erfasste den Skorpion und legte ihn ans trockene Ufer. Der aber stach seinen Helfer. Nach einer Weile, als der Meditierende erneut seine Augen auftat, sah er den Skorpion abermals ins Wasser gleiten. Um ihn vor dem Ertrinken zu bewahren, griff der Yogi erneut zu und brachte das unvorsichtige Tier ans Land. Erneut stach der Skorpion seinen Retter an der Hand, so dass dieser vor Schmerz aufschrie.

Als sich derselbe Vorgang ein drittes Mal wiederholte, konnte sich ein Bauer, der alles aus der Nähe beobachtete, nicht länger zurückhalten. Verwundert rief er: «Maharaj, warum hilfst du der elenden Kreatur immer wieder, obwohl du als Dank nur schmerzhafte Stiche bekommst?»

«Wir beide folgen doch nur unserer Natur», antwortete der fromme Mann. «Es liegt in der Natur des Skorpions zu stechen, wenn er sich bedroht fühlt, und in meiner Natur liegt es, barmherzig und hilfreich zu sein, wenn einer in Not ist.»

Mut zur Demut

«Wie erlange ich Weisheit?» fragte ein Schüler seinen Meister.

«Indem du den Mut aufbringst, dich bis zu deinem fünfundvierzigsten Lebensjahr demütigen zu lassen.»

«Nun gut, das werde ich aushalten können. Aber was kommt danach?»

«Dann wirst du dich daran gewöhnt haben, und es tut dir nicht mehr weh.»

Nach einer Weile des Schweigens fügte der Weisheitslehrer hinzu: «Der Demütige kann gar nicht mehr gedemütigt werden.»

Die kostbaren Perlen

Zu einem indischen Heiligen kam ein Jüngling. Als Zeichen der Verehrung legte er dem Guru zwei kostbare Perlen in seine Bettelschale. Der Heilige, der in stiller Versenkung dasass, öffnete die Augen, nahm eine der beiden Perlen aus der Schale und warf sie in den Fluss, an dessen Ufer er meditierte. Der erstaunte Schüler sprang sogleich auf, stürzte sich ins Wasser und tauchte nach der versunkenen Perle, doch er konnte sie nicht mehr finden. Wie er wieder ans Ufer kam, fand er den frommen Mann schon wieder in tiefer Meditation.

Erneut wagte er ihn anzusprechen. Wie dieser erstaunt die Augen auftat, sagte der junge Mann zu ihm: «Ihr habt doch die Perle ins Wasser geworfen. Zeigt mir genau, an welcher Stelle sie ins Wasser fiel, dann kann ich sie dort vielleicht wiederfinden.»

Der Meister ergriff die zweite Perle, warf sie in den Fluss und meinte lächelnd: «Genau dort.»

Die unbeantwortete Frage

Ein Philosoph fragte seine Schüler: «Welches von allen Dingen der Welt ist das längste und zugleich das kürzeste? Und welches ist das schnellste und auch das langsamste?»

Die Schüler blieben stumm.

«Es ist auch das am leichtesten teilbare und doch ausgedehnteste, das am wenigsten Beachtung findet und über das sich die Leute am meisten beklagen.»

Immer noch wusste keiner der Schüler eine Antwort.

Da fuhr der Philosoph fort: «Es ist das, ohne das nichts geschieht und das alles vernichtet, was klein ist, und alles belebt, was gross ist.»

Da keiner der Angesprochenen die Lösung fand, sagte der Lehrer: «Es ist die Zeit.»

Das Buch der Weisheit

Ein vielbewunderter Weisheitslehrer wurde von seinen Schülern immer wieder gefragt, wie er ein so umfangreiches Wissen sich erwerben konnte.

Er antwortete stets auf dieselbe Weise: «Alles, was ich weiss, steht geschrieben in dem Buch, das ich euch nach meinem Tod hinterlassen werde.»

Am Tage nach dem Tod des Meisters fanden seine Jünger das erwähnte Buch in dessen einfacher Behausung. Das Buch enthielt nur eine einzige Seite, und darauf stand geschrieben: «Erkennt den Unterschied zwischen äusserer Form und inwendigem Inhalt, dann wird das Buch der Weisheit offen vor euch liegen!»

Die wachsende Weisheit

«Warum behaupten weise Menschen oft, dass sie nichts wissen?» fragte ein Schüler.

«Je mehr einer weiss, um so grösser wird der Bereich des Nichtwissens. Weisheit wächst in dem Masse, wie das Bewusstsein von der eigenen Unwissenheit zunimmt.»

«Das verstehe ich nicht», warf der Fragende ein, «erkläre mir das genauer.»

«Wenn du einsiehst, dass du heute weniger weise bist, als du gestern geglaubt hast zu sein, wirst du morgen weiser sein.»

«Ausserdem bedenke», fügte der Meister nach einer Weile hinzu: «Wer nichts weiss und weiss, dass er nichts weiss, der weiss mehr, als jener, der nichts weiss und nicht weiss, dass er nichts weiss.»

Die wichtigsten Erkenntnisse

Ein Philosoph, der jahrzehntelang über die wesentlichsten Dinge des Lebens nachdachte, wurde von seinen Schülern gefragt, welche drei Erkenntnisse er für die wichtigsten halte.

«Die erste Erkenntnis», meinte der Weisheitslehrer, ist die: «Sei zufrieden mit dem, was du bist und hast, aber hänge dein Herz weder an Menschen noch an Dinge.»

«Und welches ist die zweite Einsicht, die du uns vermitteln kannst?» wollten die Wissbegierigen erfahren.

«Die zweitwichtigste Erkenntnis ist die: Lasset die Narren tun, was sie nicht lassen können, und wisset, dass der Weise lässt, was er nicht tun kann.»

«Und wie lautet deine dritte Weisheit?»

«Das dritte, was ich gelernt habe, ist dies: An den Bäumen des Schweigens wachsen die Früchte des Friedens.»

Die Gnade der Weisheit

Ein Weiser wurde einmal gefragt, was ihm die Gnade der Weisheit gebracht habe.

Er antwortete: «Wenn ich am Morgen erwache, komme ich mir vor wie ein Mensch, der nicht sicher ist, ob er den Abend noch erleben wird.»

Da meinte der Fragende: «Aber das geht doch allen Menschen so.»

«Gewiss, aber nur die wenigsten sind sich dessen bewusst.»

Weisheit des Meisters

Die Schüler fragten ihren Meister: «Wer ist blind?»

«Blind ist, wer das Unsichtbare nicht sehen kann.»

«Wer ist taub?»

«Taub ist, wer das Unhörbare nicht hören kann.»

«Und wer ist arm?»

«Arm ist, wer hat, was er nicht braucht, und wer nicht hat, was er benötigt.»

«Wer ist reich?»

«Reich ist, wer absichtslos und wunschlos und daher zufrieden ist.»

Das heilige Mantra

Ein Jüngling wünschte, in die Schülerschar eines Weisheitslehrers aufgenommen zu werden. Er kniete nieder vor dem Meister, und dieser flüsterte ihm leise ein heiliges Mantra ins Ohr. Gleichzeitig warnte er ihn streng davor, dieses jemandem zu verraten.

«Was würde geschehen, wenn ich es doch täte?» wollte der Jüngling erfahren.

Der Guru erklärte ihm: «Jeder, dem du das Mantra enthüllst, wird aus den Fesseln der Unwissenheit und des Leidens befreit. Du selbst aber wirst zur Strafe aus dem Kreis meiner Jünger ausgeschlossen, und Unheil wird dich heimsuchen.»

Alsogleich rannte der Jüngling zum Marktplatz und sprach dort laut sein heiliges Mantra aus, so dass all die Leute, die sich dort aufhielten, es hören konnten.

Wie dem Meister die Untat des jüngsten seiner Schüler gemeldet wurde, damit er ihn bestrafe, lächelte er nur gütig und meinte: «Er braucht nichts von all dem, was er in meinem Ashram hätte lernen können. Seine Handlungsweise zeigt, dass er selber ein Weiser ist.»

Die Weisheit des Eremiten

Ein Herrscher rief die Weisen seines Landes zusammen und wollte von ihnen wissen, welche Zeit die wichtigste sei für ein Unternehmen, welcher Mensch der wichtigste sei, um mit ihm zusammenzuarbeiten, und welches die wichtigste Sache sei, die man stets zuerst tun sollte.

Die einen rieten ihm dies, die anderen jenes, und alle widersprachen sich in ihren Ratschlägen. Der Herrscher war unzufrieden mit seinen Ratgebern, und er entliess sie wenig huldvoll.

Da begegnete er eines Tages einem Einsiedler. Auch diesem stellte er die Frage nach den wichtigsten Dingen im Leben.

«Es gibt nur eine wichtige Zeit», sagte der Eremit, «und das ist die Gegenwart, denn diese ist die einzige Zeit, über die wir verfügen können. Die Vergangenheit ist nicht mehr unser, und die Zukunft gehört uns noch nicht.»

«Und welcher ist der wichtigste Mensch?»

«Der wichtigste Mensch ist stets jener, mit dem wir gerade zusammen sind, denn vielleicht ist es der letzte Mensch, dem wir gerade begegnen.»

«Und wie steht es mit der wichtigsten Aufgabe?»

«Diese besteht darin zu erkennen, wer wir sind, woher wir kommen, wohin wir gehen. Dies allein ist der wahre Sinn unseres Lebens.»

Bade hier, Brahmane!

Ein Brahmane machte einmal Buddha gegenüber den Vorschlag, sich durch ein Bad im heiligen Wasser von Gaya zu reinigen.

«Bade hier, gerade hier, Brahmane!» forderte ihn der Erhabene auf. «Sei freundlich zu allen Menschen. Wenn du nicht die Unwahrheit sprichst, kein Lebewesen tötest, nicht nimmst, was dir nicht gehört und sicher bist in der Selbstentsagung, dann bist du rein. Was würdest du gewinnen, wenn du nach Gaya gingest, um dort ein Bad zu nehmen?»

Tun
im
Nicht-Tun

Des Pyrrhus Siege

Der kriegerische König Pyrrhus von Epirus wurde von seinem Freund und Berater gefragt: «Wenn du Rom besiegt hast, was wirst du dann als nächstes unternehmen, mein König?»

«Sizilien liegt ganz in der Nähe und wird für uns leicht zu erobern sein.»

«Und was werden wir dann tun, wenn Sizilien genommen ist?»

«Dann werden wir die Stadt Karthago in Nordafrika angreifen und plündern.»

«Und nach Karthago?»

«Alsdann wollen wir Griechenland unterwerfen.»

«Was werden wir tun, wenn du, o König, am Ende all deiner Eroberungen sein wirst?»

«Ja dann, mein Freund, können wir uns in Ruhe des Lebens erfreuen.»

«Mein Herr, könnten wir dies nicht jetzt schon tun?» sprach weise der kluge Cyncas.

Der zufriedene Müssiggänger

Ein junger Mann sass eines Nachmittags auf einer sonnenbeschienen Bank am Abhang eines Berges nahe der Stadt. Da kam ein älterer Herr vorbei und fragte erstaunt: «Junger Mann, was machst du hier? Hast du keine Arbeit, oder bist du krank?»

«Keines von beidem. Ich geniesse den Tag und schaue mir die Landschaft an», rechtfertigte sich der Angesprochene.

«Ja, aber du könntest doch einer Arbeit nachgehen wie die anderen jungen Männer deines Alters.»

«Wozu sollte ich das?»

«Um Geld zu verdienen.»

«Wozu soll ich Geld verdienen?»

«Damit du es im Leben zu etwas bringst und Erfolg hast.»

«Und was geschieht, wenn ich erfolgreich bin?»

«Dann könntest du dich selbständig machen und vielleicht einen eigenen Betrieb eröffnen.»

«Und dann?»

«Dann verdienst du mehr Geld.»

«Ja und...?»

«Hast du genügend Geld, kannst du einige Mitarbeiter anstellen.»

«Was weiter?»

«Dann kannst du dein Geschäft vergrössern und noch mehr Geld verdienen. Und das Geld bringst du auf die Bank und erhältst dafür einen guten Zins.»

«Und nachher?»

«Ja, dann wirst du eines Tages so reich sein, dass du gar nicht mehr arbeiten musst. Du kannst gut von deinen Einkünften leben, die dein Vermögen dir einbringt. So kannst du das Leben geniessen, an sonnigen Tagen dich irgendwo im Freien hinsetzen und in die Landschaft hinausschauen.

Da meinte der Jüngling: «Wozu der ganze Umweg. Das tue ich ja jetzt schon.»

Der schlafende Fischer

Leise schaukeln die Fischerboote im Hafen hin und her. Der Himmel ist blau und wolkenlos. Die Sonne brennt in Sommerglut, und die Menschen haben sich in die kühlen Häuser und schattigen Hinterhöfe zurückgezogen. Nur ein Geschäftsmann aus dem Norden, der seine Ferien im Süden verbringt, schlendert der Hafenmauer entlang, um etwas Bräune in sein blasses Schreibtischgesicht zu bringen. Plötzlich bleibt er verwundert einem kleinen Fischerboot gegenüber stehen und brummt erstaunt: «Sachen gibt's! Legt sich da ein Kerl tatsächlich schon am Vormittag in sein Boot und macht ein Nickerchen. Kein Wunder, dass er es so zu nichts bringt.» Gleich ruft er zum Kahn hinüber: «He du, Faulpelz, ich will dich was fragen!»

Der Aufgeweckte schiebt bedächtig seinen Hut aus dem Gesicht und setzt sich gemächlich auf. «Haben Sie mich gerufen, Herr?»

«Ja», bestätigt der Kaufmann, «ich möchte gerne wissen, weshalb du hier an der Sonne liegst, statt zu arbeiten. Du siehst doch gar nicht krank oder gebrechlich aus.»

Der Fischer lacht und meint: «Nein, Herr, ich bin wohlauf und fühle mich gesund. Aber ich habe meine Arbeit für den Tag schon beendet. Der Fang heute morgen war gut, die Fische konnte ich auf dem Markt alle verkaufen, und mehr ist für heute nicht zu tun.»

Der Kaufmann schüttelt energisch den Kopf und widerspricht: «Gerade weil du heute einen guten Fang gemacht hast, solltest du nochmals hinausfahren zum Fischen. Mit dem Geld, das du dabei verdienst, kannst du schon bald ein grösseres Netz kaufen und damit noch mehr Fische fangen.»

Da fragt der Fischer verwundert: «Warum soll ich denn noch mehr Fische fangen? Mit dem, was ich jetzt täglich fange, kann ich ganz gut leben.»

Der Feriengast aus dem Norden wird recht ungeduldig ob soviel Unverstand: «Hör mir mal gut zu, ich will es dir schön der Reihe nach erklären. Also, mit einem grösseren Netz fängst du mehr Fische. Diese verkaufst du und verdienst mehr Geld. Bald bist du so reich, dass du dir ein grösseres Boot mit einem stärkeren Motor leisten kannst. Dann magst du andere Fischer anstellen, die mit dir aufs Meer hinausfahren, so dass deine Fischfänge noch einträglicher werden. Schnell wirst du ein zweites und ein drittes Boot erwerben. Mit der Zeit kannst du ein eigenes Fischgeschäft auf dem Markt eröffnen, ja sogar eine eigene Fischfabrik betreiben und so deine Fische in alle Welt hinaus verkaufen.»

Der Geschäftsmann wird ganz aufgeregt vor Begeisterung ob seinen einfallsreichen Ideen. Da unterbricht der südländische Fischer den Redeschwall des anderen und fragt neugierig zurück: «Jetzt müssen Sie mir aber sagen, wozu ich das alles tun soll.»

«Mensch, verstehst du denn immer noch nicht?» ruft der Geschäftsmann aufgebracht. «Dann bist du noch reicher und brauchst nicht mehr dauernd dich abzumühen, weil deine Angestellten dann für dich die anfallende Arbeit verrichten. Du aber darfst dir ein schönes Leben gönnen, kannst dich am Vormittag schon an die Sonne legen und dich ausruhen.

«Aber das mache ich doch jetzt schon, wozu der ganze Aufwand?» gab der Fischer zurück, legte sich wieder hin, um den Rest des Tages behaglich in einem Dolcefarniente zu geniessen.

Wege zur Erleuchtung

Wahre und falsche Heilige

«Wie können wir einen wahren Heiligen von einem Scheinheiligen unterscheiden?» fragten die Schüler ihren Lehrer.

«Wie unterscheidet ihr einen echten Schläfer von einem, der nur so tut, als ob er schlafe?» fragte der Meister zurück.

«Das kann man nicht feststellen», meinten die Schüler.

«Ihr habt recht», bestätigte der Lehrer. «Der Schlafende weiss nicht, dass er schläft. Nur jener, der seinen Schlaf vortäuscht, weiss, dass er nicht schläft. So unterscheidet sich der wahre Heilige vom falschen: der echte Heilige weiss nicht, dass er heiligmässig lebt. Der unechte Heilige aber tut nur so, als ob er ein heiligmässiges Leben führe, und er ist sich der Täuschung bewusst.»

Zwei ungleiche Mönche

Am Oberlauf des Nils lag ein Kloster, dessen Abt die Gabe des Hellsehens besass. Unter seinen Mönchen waren zwei junge Männer, die unter ihren Mitbrüdern einen besonders guten Ruf wegen ihrer Reinheit und Friedfertigkeit hatten: gewiss, auch unter Klosterleuten eher seltene Tugenden.

Eines Tages, während des Chorgebetes, richtete der Abt seine hellseherischen Augen auf die beiden jungen Männer, um herauszufinden, wie sie es schaffen, einen so aussergewöhnlichen Grad von Lauterkeit inmitten der Versuchungen des alltäglichen Lebens zu bewahren. Er blickte also auf den ersten Mönch und sah, dass dieser sich mit einer kristallglitzernden Gedankenhülle umgeben hatte, so dass keine unguten Anfeindungen von aussen an ihn herankommen konnten. Geschützt durch diese mentale Abgrenzung, blieb er ruhig, kühl und unbehelligt.

Dann schaute der Klostervorsteher auf den anderen jungen Mönch. Dieser hatte keine Schutzhülle um sich aufgebaut. Sein Herz aber war so voll Liebe, dass er dauernd Gedanken und Gefühle des Wohlwollens, der Güte und Friedfertigkeit ausstrahlte. Sprangen ihn die versuchenden Dämonen mit zerstörender Absicht an, so wurden diese alle vom kraftvollen Strom seiner edlen Gesinnung hinweggeschwemmt. So blieb dieser junge Mönch unangefochten und bewahrte eine reine Seele.

Der Abt meinte, der zweite Mönch habe es besser gemacht und sei dem Himmelreich näher als der erste.

Die drei Wege

Als Buddha unter einem Baum meditierte, gingen zwei Musikanten vorbei. Einer sagte zum anderen: «Spann die Saiten deiner Sitar nicht zu fest, sonst werden sie reissen. Lass sie aber auch nicht zu locker hängen, sonst geben sie keinen Ton. Halte dich an den mittleren Weg!»

Als der Erhabene diese Worte hörte, war er tief beeindruckt. Was für das Saiteninstrument richtig ist, muss auch für den nach Spiritualität strebenden Menschen seine Gültigkeit haben. Und Buddha fing an, die Extreme zu meiden und sich in Mässigkeit zu üben. So lehrte er seine Mönchsschüler später auf folgende Weise: «Zwei Enden gibt es. Das eine ist ein Leben in Vergnügungen, das andere ist ein Leben in Askese und Selbstpeinigung. Weder der eine Weg noch der andere Weg ist zu empfehlen. So wie bei einer Laute die Saiten nicht zu straff und nicht zu locker sein dürfen, um den richtigen Ton zu geben, so muss auch das geistliche Leben die Mitte zwischen den Extremen halten, denn von diesen beiden Enden, ihr Mönche, haltet euch fern. In der Mitte verläuft der Weg, der das Auge öffnet und den Geist auftut, der zur Ruhe und zur Erleuchtung führt.»

Das Geheimnis der Erleuchtung

Milarepa hatte seit Jahren nach Erleuchtung gesucht, aber nirgends und bei niemandem eine Antwort gefunden. Eines Tages sah er einen alten, weisshaarigen Mann langsam einen

Bergpfad herabsteigen. Er trug einen schweren Sack auf seinem Rücken. Milarepa ahnte, dass dieser alte Mann das Geheimnis der Erleuchtung kannte, denn trotz seiner Last schritt er gelassen, ja fast majestätisch daher. «Alter, sage mir bitte, was ist Erleuchtung?»

Der Weisshaarige sah den jungen Mann lächelnd an. Dann liess er seinen schweren Sack von den Schultern gleiten, stellte ihn auf den Boden und richtete sich auf.

«Aha, ich begreife!» rief Milarepa. «Meinen ewigen Dank für die Belehrung. Nun sage mir noch: Was kommt nach der Erleuchtung?»

Abermals lächelte der Alte, bückte sich und hob seinen Sack wieder auf. Er lud ihn sich auf die Schulter, rückte die Last zurecht und ging seines Weges.

Das Lendentuch retten

Ein indischer Weiser hatte einen Schüler, der in seinem geistigen Fortschritt sehr gut vorankam. Daher wurde ihm erlaubt, sich ausserhalb des Ashrams in eine Hütte am Ufer des heiligen Flusses zurückzuziehen, um dort zu meditieren. Jeden Abend pflegte der junge Eremit dort sein Lendentuch gefaltet neben seine Liegematte hinzulegen.

Eines Nachts drangen hungrige Mäuse in seine Hütte ein und rissen das Tuch in Fetzen. Am folgenden Morgen musste der Jüngling bei den Dorfbewohnern um ein neues Lendentuch betteln. Als aber die Mäuseplage zunahm, besorgte er sich eine Katze, welche die zudringlichen Nager verscheuchen sollte. Nun aber entstand ein neues Problem. Woher die Milch nehmen, um die Katze zu ernähren? Also schaffte der junge Yogi sich eine Kuh an. Aber auch diese wollte ihr Futter haben. Nun war er gezwungen, um die Hütte eine Wiese anzulegen, wo die Kuh weiden konnte.

Da der Einsiedler nun ob all der Umtriebe zuwenig Zeit fand zum Meditieren, stellte er einen Hirten an. Dieser aber wollte sich nicht mit den kargen Mahlzeiten seines Herrn begnügen. So sah sich der junge Mann genötigt, eine Frau als Köchin ins Haus zu nehmen, die er schliesslich heiratete.

Bald einmal wurden dem Paar Kinder geboren, und die beschauliche Ruhe, die der junge Mann ehemals suchte, war für lange Zeit dahin.

Viele Jahre danach kam sein früherer Lehrer zu Besuch. Wie dieser das lebhafte Treiben in Haus und Hof sah, fragte er seinen einstigen Musterschüler: «Was soll das alles bedeuten, mein Sohn?»

«Ihr werdet es nicht glauben, Herr», rechtfertigte sich dieser, «es gab keine andere Möglichkeit, das Lendentuch zu behalten.»

Warten auf Erleuchtung

«Was kann ich tun, um schneller zur Erleuchtung zu kommen?» fragte ein Jünger seinen Weisheitslehrer.

«Mit der Erleuchtung ist es wie mit dem Sonnenaufgang», antwortete der Meister. «Du kannst nichts anderes tun, als warten, bis sie sich ereignet.»

«Wozu nützen denn all die Gebete und frommen Übungen, die ich täglich verrichten soll?»

«Die habe ich dir bloss deshalb empfohlen, um sicher zu gehen, dass du nicht schläfst, wenn die Sonne aufgeht.»

Alles geschehen lassen

«Was kann ich tun, um Erleuchtung zu erlangen?» fragte eine junge Frau ihren Weisheitslehrer.

«Nichts kannst du tun, nichts sollst du tun», war die Antwort des Meisters.

«Warum nicht?»

«Weil Erleuchtung von selbst geschieht. Man erreicht sie nicht durch Anstrengung. Vielmehr fällt sie dir zu als die reife Frucht vom Baum der geistigen Erkenntnis.»

«Was kann ich denn tun, um dieses Nicht-Tun zu üben?»

«Eben nichts, gar nichts. Es ist das Tun im Nicht-Tun, das Wu-Wei, wie die Chinesen sagen.»

Wie die junge Frau ungläubig dreinschaute, fügte der Meister bei: «Was tust du, um einzuschlafen oder aufzuwachen? Am besten nichts. Lass es geschehen!»

Die leeren Hände

Zu Buddha kam einst ein junger Mann. Er wollte in den Kreis der Jünger aufgenommen werden. Um die Gunst des Erhabenen zu erlangen, brachte er ihm in beiden Händen ein kostbares Geschenk daher. Wie er sich dem Meister ehrfurchtsvoll näherte, gebot dieser: «Lass es fallen!»

Der Jüngling liess das Geschenk aus der linken Hand zu Boden gleiten.

Als er sich erneut näherte, sagte Buddha abermals: «Lass es fallen!»

Nun liess der junge Mann auch das Geschenk, das er in der rechten Hand trug, fallen.

Nachdem er nun mit leeren Händen vor dem Erleuchteten stand und nichts zu bieten hatte als sein offenes Herz, wurde er angenommen.

Erleuchtung des Augenblicks

«Mach einen Strich unter deine Vergangenheit, und du wirst erleuchtet werden», sagte der Meister.

«Ich werde es Schritt für Schritt tun», gab der Schüler zurück.

«Tu es jetzt und mit einem Mal! Grösse erreicht man wohl allmählich, doch Erleuchtung vollzieht sich in einem Augenblick.»

Als der Schüler nachdenklich wurde, fügte der Meister hinzu: «Man kann einen Abgrund nicht mit kleinen Hüpfern überwinden, sondern nur mit einem einzigen Sprung.»

Zwischen Leben und Tod

Es hat noch Zeit

Ein Mann hörte in der Sonntagspredigt, wie der Pfarrer versicherte, mit dem Tod sei nicht alles aus, es gebe ein Jenseits und eine ewige Gerechtigkeit. Als dieser Mann von seinem Freund, der Arzt war, gefragt wurde, ob er den Worten des Predigers zustimmen könne, meinte dieser: «Ich muss mir die Sache erst überlegen, das hat ja noch Zeit.»

Kurz darauf erkrankte der Mann schwer und verlangte nach seinem Arzt. Dieser verschrieb ihm eine trinkbare Medizin. Auf dem Rezept stand vermerkt: «Einen Löffel heute in einem Jahr.»

Der Patient drängte: «Ich benötige das Medikament heute, nicht erst in einem Jahr.»

Der Arzt änderte seine Anweisung und schrieb: «Einen Löffel voll in einem Monat.»

Erneut klagte der Kranke: «Was soll das? In einem Monat kann ich vielleicht schon tot sein.»

«Das ist durchaus möglich», meinte der Arzt ruhig. Aus diesem Grund wäre es vielleicht doch besser, das Medikament schon morgen einzunehmen.»

«Nein, nicht erst morgen», jammerte der Leidende, «es könnte morgen schon zu spät sein.»

Da gab der Arzt ihm den ersten Löffel des Heilmittels und sagte in vollem Ernst: «Mein Freund, wenn es um dein irdisches, vergängliches Leben geht, wolltest du zu dessen Rettung nicht länger zuwarten, weder ein Jahr noch einen Monat, nicht einmal einen Tag. Aber wenn es um das Heil und die Rettung deiner Seele geht, da lässt du dir Zeit, viel Zeit. Wer weiss, ob du dann noch Zeit hast?»

Die vergebliche Flucht

Es lebte einmal ein Kaiser in China. Eines Abends ging dieser über die blühende Terrasse seiner kaiserlichen Gärten, um sich an der Schönheit der Blüten zu erfreuen und ihren Duft einzuatmen. Da stürmte plötzlich sein oberster Gärtner die Treppe herauf und sank zitternd vor Angst dem Herrscher vor die Füsse. «O Herr», rief er, «als ich soeben im Garten deine Rosensträucher begoss, sah ich plötzlich den leibhaftigen Tod vor mir. Hinter einem Gebüsch schaute er hervor und drohte mir mit seiner Faust. Gib mir, Herr, dein schnellstes Ross, dein Zauberpferd Zephir, das schneller ist als der Wind, und lass mich entfliehen nach deinem verborgenen Schloss Tschanga in den Bergen. Dort wird mich der Tod nicht finden. Noch vor dem Aufgang des Mondes kann ich dort eintreffen...»

«Nimm das Ross», sagte der Kaiser. «Um sein Leben zu retten, muss man alles einsetzen.»

Der Gärtner eilte zu den Ställen. Bald hörte man den Hufschlag des Pferdes.

Nachdenklich ging der Kaiser durch seine blühenden Rosengärten. Plötzlich sah auch er den Tod dicht vor seinem Weg in den Sträuchern stehen. Der Sohn des Himmels fürchtete sich nicht, trat dem Sensenmann mutig entgegen und fuhr ihn an: «Warum hast du mir meinen Gärtner so erschreckt und hast ihm mit der Faust gedroht?»

Tief verneigte sich der Tod und sagte: «Erhabener Kaiser, verzeihe mir, dass ich dich erzürnte. Ich habe deinem Gärtner keineswegs gedroht. Als ich ihn so unerwartet hier vor mir in deinen Rosenbeeten sah, konnte ich ein Zeichen des Erstaunens nicht unterdrücken. Denn heute früh, als der Herr des Himmels, euer Gebieter und der unsere, seinen Dienern die täglichen Befehle gab, hiess er mich, deinen Diener heute abend bei Aufgang des Mondes in deinem Schloss Tschanga abzuholen. Darum wunderte ich mich, dass ich ihn hier antraf, so weit von jenem Schloss in den Bergen entfernt.»

Da neigte sich der Kaiser ehrfürchtig vor dem unsichtbaren Herrn über Leben und Tod, schaute dann lange in den roten Kelch einer Rose und dachte: «Da rast nun der Mann auf dem schnellsten Pferd, das niemand einholen kann, vor dem Schicksal fliehend, geradewegs seinem unvermeidlichen Schicksal entgegen.»

Der Himmel ist in dir

Einen Schüler, dem der Gedanke vom Leben nach dem Tod keine Ruhe liess, fragte sein Meister: «Warum sinnst du soviel darüber nach, was dich im Jenseits erwartet?»

«Aber das ist doch notwendig, um hier auf Erden gottgefällig zu leben und dereinst in den Himmel zu kommen», rechtfertigte sich der Schüler.

«Deine Gedanken sind überflüssig», entgegnete der Meister. «Lebe hier wie im Himmel, dann hast du nichts zu befürchten.»

«Und wo ist dieser Himmel?»

«Der Himmel ist in dir», war die Antwort des Lehrers.

Auf der Durchreise

Ein jüdischer Rabbi wohnte in einem einfachen Zimmer. Dieses war recht bescheiden, ja fast ärmlich eingerichtet. Da stand ein Tisch, davor ein Stuhl, in der Ecke eine Liege, daneben ein paar Bücher, das war alles. Eines Tages trat ein Besucher ein und sah erstaunt, wie einfach der gelehrte Mann da hauste. «Rabbi, wo hast du deine Möbel?» wollte der Fremde wissen.

«Und wo sind deine?» gab der Rabbi zurück.

«Meine Möbel? Ich habe keine bei mir, ich bin ja bloss auf der Durchreise.»

«Ich auch», war die Antwort des jüdischen Gelehrten.

Das himmlische Mahl

Ein reicher Mann starb und erwachte im Paradies. Eine reichgedeckte Tafel verhiess ihm wahrhaft himmlische Freuden. Als er sich nach dem Preis der köstlichen Gerichte erkundigte, bekam er den Bescheid: «Alles kostet nur eine Kleinigkeit.»

Der Mann war erstaunt, dass im Himmel alles so billig zu haben war, denn er war auf Erden sehr reich und wohlhabend gewesen.

Als er nach der üppigen Mahlzeit bezahlen wollte, schüttelte das diensthabende Engelwesen den Kopf und meinte: «Bei uns gilt nur das Geld, das einer auf Erden verschenkt hat.»

Da wurde der Mann verlegen und traurig. Er kam sich bettelarm vor, denn er hatte in seinem Leben niemandem etwas geschenkt.

Die sauberen Hände

Ein Mann träumte, er wäre gestorben. Er sah sich vor dem Himmelstor stehen und hoffte, ein freundlicher Engel würde ihn in die Gefilde der Seligen hineinlassen. Doch da ging das mächtige Tor nach zwei Seiten hin auf, und Gott selber trat ihm machtvoll entgegen. Sogleich streckte der in seinem Traum hinübergegangene Mann wie ein Bub mit schlechtem Gewissen dem Himmlischen seine beiden Hände entgegen und beteuerte: «Sie sind ja sauber.»

Gott, der Herr, schaute sich die hingehaltenen Hände an und sah ihn dann mit durchdringendem, traurigem Blick an, indem er sprach: «Ja, sauber sind sie, aber leer sind sie.»

Kind zweier Welten

Einst kam ein Mondmädchen auf unsere Erde, um auf einer Lichtung am Fluss mit den Tieren zu spielen. Ein junger Krieger verliebte sich in das Mädchen. Auch dieses fand Gefallen an dem Erdenmenschen. Es vergass seine Mondheimat und willigte ein, seine Frau zu werden. Als ein Jahr vergangen war, kam ihr Sohn zur Welt. Der junge Krieger freute sich, doch seine Frau wurde von Jahr zu Jahr untröstlicher. Immer wieder erzählte sie ihrem Kind von ihrer wahren Herkunft. Da begann auch der Knabe, sich nach dem Mond zu sehnen.

Eines Tages, als die Krieger des Stammes von ihrer Jagd nach Hause kamen, fand man das Zelt der Mondfrau verlassen. Sie war mit ihrem Sohn auf einem Himmelsschiff zum Mond gefahren. Wie freute man sich dort über ihre Ankunft! Unten auf der Erde aber weinte der alleingelassene Mann. Auf dem Mond wuchs der Erdensohn heran und wurde ein tapferer Krieger. Aber er war nicht glücklich. «Ich möchte zurück zu meinem Vater!» flehte er seine Mutter an. Und weil sie ihn liebte und seinen Kummer sah, willigte sie ein. «Aber bedenke», sagte sie zum Abschied, «du bist das Kind zweier Welten. Lebst du in der einen, wirst du dich stets nach der anderen sehnen.» Ihr Sohn kehrte zur Erde zurück. Und es geschah, wie seine Mutter gesagt hatte.

Die erste Halle des Himmels

Ein Pfarrer träumte, er wäre gestorben. In der jenseitigen Welt wurde er von einem Engelwesen in Empfang genommen, das ihm zu verstehen gab, es sei für ihn noch zu früh, die Erde zu verlassen. Damit er aber in Zukunft seinen Gläubigen etwas Vernünftigeres über Himmel und Hölle predige als bis anhin, wolle man ihm einen Blick gewähren in die erste Halle der Hölle und in die erste Halle des Himmels. Und so geschah es. Der Pfarrer wurde zunächst in die erste Halle der Hölle geführt. Dort sah er einen grossen Raum, in dem an langen Tischen Männer und Frauen mit griesgrämigen und wutverzerrten Gesichtern sassen. Sie hatten vor sich Schalen voll köstlicher Früchte. Da sie aber lange Löffel an ihre Hände geschmiedet hatten, versuchten sie umsonst, sich die Früchte zum Munde zu führen. So plagte sich ein jeder in grimmigem Hunger ab und litt dabei höllische Qualen.

Nun wurde der Pfarrer in die erste Halle des Himmels geleitet. Auch dort sassen in einem geräumigen Saal an langen Tischen Frauen und Männer vor vollen Fruchtschalen. Obwohl auch sie lange Löffel an ihren Händen befestigt hatten, zeigten sie fröhliche und zufriedene Gesichter, denn sie verstanden es, sich gegenseitig die schmackhaften Früchte zum Munde zu führen, und wurden himmlisch gesättigt.

Das andere Ufer

Ein Hirte sass bei seiner Herde am Ufer des Flusses, der am Rande der Welt fliesst. Wenn er Zeit hatte und über das Wasser schaute, spielte er auf seiner Flöte. Eines Abends kam der Tod über den Fluss und sagte: «Ich komme, um dich nach drüben mitzunehmen. Hast du Angst?»

«Warum sollte ich Angst haben?» fragte der Hirte. «Ich habe oft über den Fluss geschaut. Ich weiss, wie es drüben ist.» Und als der Tod ihm die Hand auflegte, stand er auf und fuhr mit ihm über den Fluss als wäre nichts dabei. Das andere Ufer war ihm nicht fremd, und die Töne seiner Flöte, die der Wind hinübertrug, waren noch da.

Herberge für alle

Ein fahrender Händler kam in das Haus eines wohlhabenden Kaufmanns.

«Was suchst du hier?» fragte der Hausbesitzer.

«Einen Platz zum Übernachten in dieser Herberge.»

«Das ist keine Herberge. Das ist mein Haus.»

«Wem gehörte dieses Haus vor Ihnen?» wollte der Fremde wissen.

«Meinem Vater. Er ist tot.»

«Und wer wohnte hier vor Ihrem Vater?»

«Mein Grossvater. Auch er lebt nicht mehr.»

«Und wer wird nach Ihnen dieses Haus sein eigen nennen, wenn Ihr tot seid?»

«Mein Sohn, wer sonst?»

«Und dieses Haus, das so verschiedene Menschen, wie Ihr eben sagtet, nur vorübergehend für kurze Zeit bewohnen, glaubt Ihr denn wirklich, es sei keine Herberge?»

Zeit und Ewigkeit

Es war einmal ein Klosterbruder. Der hatte viele Jahre still und zurückgezogen hinter Klostermauern zugebracht. Als er eines Tages in der Klosterküche das Geschirr abwusch, erschien ihm ein Engel und teilte ihm mit: «Der Herr schickt mich zu dir und lässt dir sagen, es sei nun Zeit für dich, in die Ewigkeit einzugehen.»

«Ich danke dem Herrn, dass er sich meiner erinnerte», meinte der Gottesmann, «aber du siehst ja selber, was für einen Berg von Geschirr ich hier noch abzuwaschen habe. Ich möchte nicht undankbar sein, aber lässt sich das mit der Ewigkeit nicht wenigstens so lange hinausschieben, bis ich hier mit meiner Arbeit fertig bin?»

Der Engel nickte verständnisvoll und entschwand.

Nach geraumer Zeit kehrte der Engelsbote mit dem gleichen Auftrag zurück. Der Mönchsbruder war gerade im Garten beschäftigt und jätete mit einer Hacke die Gemüsebeete. Überrascht schaute er auf, sah die Himmelsgestalt und eiferte: «Sieh dir dies Unkraut an! Kannst du nicht später vorbeikommen, sonst ist der ganze schöne Salat zum Teufel?»

Wohlwollend zog sich der Engel erneut zurück.

Der kleine Mönch hatte in Haus und Hof und Garten alle Hände voll zu tun. Wenn Not am Mann war, betätigte er sich auch als Sakristan und als Krankenbruder.

Eines Tages arbeitete er wieder einmal im nahegelegenen Spital. Eben hatte er einem fiebernden Patienten einen Schluck kühlenden Wassers gereicht, da stand der Engel erneut da und bedeute ihm, es wäre nun wirklich Zeit mitzukommen. Da wies der Klosterbruder auf die vielen Krankenbetten hin, in denen leidende und sterbende Menschen lagen.

Der Engel verstand und verabschiedete sich wortlos.

Als sich der Klosterbruder an diesem Abend in seine Klause zurückzog und ermattet auf sein hartes Lager sank, sann er über den himmlischen Besucher nach. Auf einmal fühlte er sich schrecklich müde und sterbenskrank. Da betete er: «O Herr, könntest du deinen Engel nochmals zu mir senden, er wäre mir jetzt willkommen.»

Sogleich stand der Abgesandte Gottes vor ihm.

«Wenn du mich jetzt mitnehmen willst, so bin ich bereit, mit dir in die Ewigkeit einzugehen.»

Der Engel schaute den frommen Mann huldvoll an und fragte: «Was glaubst du wohl, wo du die ganze Zeit gewesen bist?»

Der Tod im Weinfass

An einem glühendheissen Sommertag stand ein Weinbauer breitspurig auf dem Dorfplatz. In der einen Hand hielt er ein hölzernes Weinfässchen, aus dem er von Zeit zu Zeit einen kräftigen Schluck nahm. Wie er so dastand, in der anderen Hand seine Tabakpfeife haltend, sah er ein hageres, mageres Männchen die gepflasterte Gasse heraufkommen. «Ja, wo willst du denn hin?» wollte unser Bauer wissen.

«Ich bin der Tod», antwortete die seltsame Gestalt. «Ich komme überall hin. Keine Türe bleibt mir verschlossen, kein Spalt ist mir zu schmal und keine Ritze an der Wand zu dünn, dass ich nicht hindurch käme. Vor mir kann sich keiner verstecken. Ich erreiche jeden.»

«Aber durch das kleine Loch meines Weinfässchens kommst du wohl nicht hinein», spottete der Weinbauer.

«Und ob», entgegnete der Tod, und flugs war er im Weinfass drin.

Wie der Blitz gab der Bauer den Korken darauf, schlug mit der Faust kräftig zu, und nun war der Tod eingesperrt. Von nun an hatte der Tod keine Macht mehr über die Menschen. Niemand mehr starb, und damit begann eine schlimme Zeit. Die Eltern sorgten sich nicht mehr um ihre Kinder und die Kinder nicht mehr um die Eltern, der Freund nicht um die Freundin, die Frau nicht mehr um ihren Mann, der Mann nicht um seine Frau. Es konnte ja nichts Schlimmes geschehen, denn der Tod war ja gebannt. Keiner kümmerte sich um den anderen. Und weil die Alten den Jungen nicht mehr Platz machten, gab es zuwenig Arbeit, dafür aber um so mehr Streit. Und was noch schlimmer war: Jeder wollte mehr haben als der andere, da er nicht fürchten musste, es einmal wieder hergeben zu müssen, weil das letzte Hemd ja keine Taschen hat. So wurden Neid und Missgunst unter den Leuten immer unerträglicher.

Was aber das Schlimmste war: die Streitereien hörten nicht auf. Früher kam es vor, dass ein alter Advokat starb, und dem Jungen lag wenig daran, den Prozess weiterzuführen. Oder einer der Streithähne wurde vom Tod eingeholt. Jetzt aber starb keiner mehr. So erlosch allmählich die Nachsicht, das Wohlwollen und die Liebe. Jeder schaute nur für sich. Das Vieh wurde vernachlässigt, die Felder liess man verkommen, und die Weinberge wurden nicht mehr gepflegt. Auch der Regen blieb aus, weil die ganze Natur aus dem Gleichgewicht geraten war, seitdem es den Tod nicht mehr gab. So blieben nach und nach die guten Weinernten aus.

Wieder war ein glutheisser Sommertag. Der Weinbauer stand vor seinem Haus, der Durst brannte ihm in der trockenen Kehle. «Irgendwo muss doch noch ein Schluck Wein zu finden sein», murrte er vor sich hin. Da erinnerte er sich, dass er vor Jahren zuhinterst im Keller ein kleines Weinfässchen versteckt hatte. Und wirklich, es lag noch da. Wie der Bauer es schüttelte, fand er es nicht leer. Gierig zog er den Zapfen heraus. Da fuhr der Tod, der bis dahin eingesperrt war, heraus, geriet ihm an die Gurgel und erwürgte ihn. Dann raste er das Land hinauf und das Land hinab, und die Leute starben massenweise. Es war der schwarze Tod, der umging, die Pest. Aber mit dem Tod kehrte auch die Nächstenliebe wieder zurück, die Streitereien nahmen wieder ein Ende, und die ganze Natur erholte sich von der langen, schrecklichen, todlosen Zeit.

Das Tor zum Himmel

Zu einem Zen-Meister kam ein junger japanischer Krieger und fragte: «Wo ist das Tor zur Hölle, und wo ist das Tor zum Himmel?»

Der Mönch wollte wissen: «Wer bist du?»

«Ich bin ein Samurai, meinem Herrn zu bedingungsloser Treue bis in den Tod verpflichtet.»

«Ha», lachte der Zen-Meister, «du willst ein adeliger Schwertkämpfer sein! Du kommst ja daher wie ein armseliger Bettler.»

In seinem Stolz zutiefst verletzt, zog der junge Krieger sein Schwert und wollte sich auf den Zen-Meister stürzen. Dieser blieb ganz ruhig und sagte nur: «Dies ist das Tor zur Hölle.»

Der Samurai verstand sogleich, und entschlossen steckte er sein Schwert zurück in die Scheide.

«Jetzt hast du das Tor zum Himmel geöffnet», bestätigte der Meister.

Warum bist du nicht Meir geworden?

Wenn der Herr mich im Jenseits fragen wird: «Meir, warum bist du nicht Moses geworden?» so werde ich sagen: «Herr, weil ich nur Meir bin.»

Und wenn er mich weiter fragen wird: «Meir, warum bis du nicht Ben Akiba geworden?» so werde ich ihm gleichfalls sagen: «Herr, weil ich eben Meir bin.»

Wenn er aber fragt: «Meir, warum bist du nicht Meir geworden?» – Was werde ich ihm da antworten?

Jenseits von Gut und Böse

Der Abt eines chinesischen Klosters, den seine halb entrüsteten, halb neidischen Mönche tadelten, weil er sie wegen ihrer Unbeherrschtheit und Nachlässigkeit gerügt hatte, erwiderte gelassen: «Meine lieben Brüder, ich erteile euch allen hiermit die Erlaubnis, die Regeln unserer klösterlichen Gemeinschaft von nun an zu übertreten. Von heute an könnt ihr tun und lassen, was ihr wollt, sofern ihr, was ich hoffe, über das Reich der Gegensätze hinausgelangt seid. Bringt mir eine Handvoll spitzer Nähnadeln.»

Als die Nadeln vom jüngsten der Klosterschüler gebracht wurden, verschluckte der Abt diese, ohne mit der Wimper zu zucken, und zog sich still zurück.

Als sich nach Stunden und Tagen erwies, das er keinerlei Schaden genommen hatte, bereuten die jungen Mönche bitter, einen wahrhaft weisen Mann getadelt zu haben, dessen Bewusstsein schon jenseits von Gut und Böse, von Nützlich und Schädlich, von Gefährlich und Ungefährlich war.

Als Gott die Welt erschuf

Das Stärkste auf Erden

Der Prophet Mohammed war sehr freigebig und verteilte alles, was er bekam, unter die Armen. Deshalb war auch der Hof vor seinem Haus ständig von Bettlern und Arbeitslosen überfüllt. Wenn man ihm aber riet, dass er als Gesandter Gottes doch lieber die Gemeinschaft mit diesen Leuten meiden sollte, erzählte er folgende Geschichte:

Als Allah, der Allgütige, die Erde schuf, zitterte und bebte sie und konnte sich kaum im Gleichgewicht halten. Kein Mensch konnte fest und sicher auf dieser Erde stehen. Um nun die Erde zu beruhigen, nahm Gott hohe Berge und verankerte sie auf festem Grund. Als aber die Engel im Paradies davon erfuhren, staunten sie über die Macht der Berge und glaubten, es gäbe keine grössere Schöpfung. «O Allmächtiger», sagten sie, «gibt es in deiner Schöpfung etwas Stärkeres als diese Berge?»

Und Allah antwortete: «Eisen ist stärker, denn Eisen bricht den Fels der Berge.»

«Ist also Eisen deine stärkste Schöpfung», wollten nun die Engel wissen.

«Nein, Feuer ist stärker als Eisen, denn im Feuer schmilzt das Eisen.»

«Und was ist mächtiger als Feuer?»

«Das Wasser, denn dieses löscht das Feuer aus.»

«Und gibt es etwas in dieser geschaffenen Welt, das mächtiger wäre als das Wasser?»

«Ja, der Wind, denn er trägt das Wasser über die Weite der Meere und Länder.»

«O du allwissender Gott», riefen die Engel, «was ist denn das Stärkste auf Erden?»

Da antwortete Allah: «Das stärkste unter all meinen Geschöpfen ist der mitleidige Mensch, der Almosen gibt. Wenn er mit der rechten Hand austeilt und dies vor der linken Hand verbirgt, so überwältigt er alle Dinge.»

Der Preis der Menschwerdung

Anfänglich gab es im Paradies nur Pflanzen und Tiere. Diese lebten friedlich nebeneinander. Auch mussten sie niemals sterben. Später bekam eine Tiergattung ein göttliches Geschenk: es wurde ihr der Geist eingehaucht. Dieser ist seinem Wesen nach frei. Also wurde diese Tiergattung in die Freiheit entlassen, und damit standen die ihr angehörenden Tiere vor der Möglichkeit, zu wählen zwischen Gut und Böse. Auch hatten sie die Wahl, weiterhin wie Tiere unbeschwert zu leben oder sich zum Menschen hin weiterzuentwickeln und damit Eigenverantwortung zu übernehmen.

Die Menschwerdung forderte aber einen hohen Preis, nämlich den Verlust der tierischen Unschuld und das Wissen um den eigenen Tod. Darin unterscheidet sich der Mensch vom Tier. Freilich ist er sich dieses Unterschieds nicht immer bewusst, sonst würde er sich den Pflanzen und Tieren gegenüber menschlicher verhalten.

Die Rebe des Diogenes

Der griechische Philosoph Diogenes, der in einem Weinfass wohnte, um die Lehre der Bedürfnislosigkeit vorzuleben, fand einmal in der Nähe von Korinth den Zweig eines Rebstocks. Er steckte ihn in den Röhrenknochen eines Vogels, wo er zarte Wurzeln schlug. Wie das Pflänzchen grösser und stärker wurde, füllte er einen Löwenknochen mit Erde und gab die Rebe dort hinein, wo sie prächtig gedieh. Schliesslich pflanzte Diogenes den kleinen Weinstock um in einen grösseren Knochen, der von einem Esel stammte.

So kommt es, dass heute jene, die vom Wein dieser Rebe und all ihren Abkömmlingen trinken, sich zunächst leicht und beschwingt fühlen wie ein Vogel. Trinken sie aber mehr davon, fangen sie an, sich laut und prahlerisch zu benehmen wie Löwen; nehmen sie aber zuviel von diesem Rebenblut, gebärden sie sich wie dumme Esel.

Die Jahre des Lebens

Als Gott, der Herr, die Welt erschuf, da teilte er jedem Lebewesen dreissig Jahre als Lebenszeit zu, jedem gleich viel, denn er ist der Allgerechte. Nach einer Weile kam der Esel zum Herrn und bat darum, achtzehn Jahre wieder abgeben zu dürfen. Bald danach kam der Hund, und auch er wollte zwölf Jahre loswerden. Schliesslich lief die Katze herbei und meinte, sie hätte zehn Jahre zuviel auf ihrem Buckel. Gott, der Allgütige, nahm diesen Tieren die unerwünschten Lebensjahre wieder ab.

Wie am letzten Schöpfungstag der Mensch an der Reihe war, wurden auch ihm dreissig Lebensjahre zugeteilt. Da dieser aber für sich beanspruchte, die Krone aller Kreatur zu sein, schien ihm das Mass seiner Jahre reichlich karg, und er bat den Herrn um die übriggebliebenen Jahre seiner Mitgeschöpfe aus dem Tierreich. Und Gott, der Allerbarmende, gab sie ihm.

So bekam also der Mensch zu seinen dreissig Lebensjahren, in denen er wahrhaft Mensch sein kann, noch die achtzehn Jahre, in denen er sich wie ein Esel benimmt, dann folgen zwölf Jahre geplagten Hundelebens, und die restlichen zehn Jahre sind für die Katz.

Die bescheidene Silberdistel

Als Gott, der Herr, die Blumen erschuf, fragte er eine jede, wie sie am liebsten aussehen möchte. Da wünschte die Sonnenblume eine grosse, goldgelbe Blütenkrone auf kräftigem Stengel, der Jasmin mochte wohlriechend duften, und unter den Rosen wollte die eine rot, die andere gelb und die dritte weiss erblühen.

So bekam Blume für Blume jene Besonderheit, die sie sich ersehnte. Zuletzt blieb nur noch die Silberdistel übrig. Als der Herr auch sie nach ihren Wünschen fragte, meinte sie bescheiden: «Mir ist alles recht. Ich nehme, was meine Blumengeschwister übriggelassen haben. Gerne will ich nahe am Boden wachsen und auch Stacheln tragen, wenn du, o Herr, mir nur einen einzigen Wunsch erfüllen kannst.»

«Was Besonderes wünschest du dir?»

«Dass mein Blütenkleid bis zum Christfest erhalten bleibe.»

Da lächelte der Herr freundlich und gab dieser Distel die verlangte Gestalt und Eigenschaft. So wächst nun diese Pflanze mit ihren langen Hüllblättern, die spitze Stacheln tragen, nahe am Erdboden. Ihre Blüte aber leuchtet wie ein silberner Stern. Obwohl sie bereits im Sommer ihre schönste Blütenpracht entfaltet, bleibt diese doch erhalten bis zur Weihnachtszeit, um das Christuskind zu erfreuen.

Der geschenkte Spiegel

Nachdem Gott alle Tiere dieser Erde erschaffen hatte, versammelte er sie um sich und fragte, ob sie mit Gestalt und Aussehen zufrieden seien. Zunächst sah er den Affen an. Doch dieser schaute verlegen um sich, bis sein Blick auf den Bären fiel. «Wie schwerfällig der ist», sagte der Affe, «so möchte ich nun wirklich nicht aussehen.»

Beleidigt wies der Bär mit seiner Pranke auf den Elefanten: «Der ist noch weit plumper als ich. Schaut euch diesen Fleischkoloss an!»

Das liess der Elefant sich nicht gefallen. Er trompetete lautstark mit seinem Rüssel: «Seht das Nilpferd dort im Wasser. Die lächerlich kleinen Ohren passen überhaupt nicht zu diesem Dickwanst.»

So ging das unentwegt weiter. Jedes Tier hatte am anderen etwas auszusetzen, nur bei sich selbst fand es nichts zu beanstanden. Gott, der diesem Gezanke der Tiere eine Weile zugehört hatte, sagte schliesslich: «Ich will euch einen Spiegel schenken, damit ein jedes Geschöpf sich selber betrachten und erkennen kann.»

Er führte die Tiere zu einem Teich im Walde. Als sie dort trinken wollten, erblickte ein jedes im klaren Wasser sein eigenes Spiegelbild. Nun hörten die Tiere auf, einander zu kritisieren, und dachten über sich selber nach.

Als Gott die Schmetterlinge schuf

Nachdem Gott die Tiere im Wasser, zu Lande und in der Luft erschaffen hatte, schüttelte er die Resten des Stoffes, aus dem er die Welt mit ihrer Pracht gestaltete hatte, von seinen Händen. Da schwebten die Engel der Winde geschwind herbei und breiteten ihre Flügel aus, damit die Stäubchen von Gottes Händen nicht zur Erde fielen.

Da erglänzte Gottes Angesicht vor Freude und neuem Schöpferwille, und er sprach: «Werdet!» Und siehe da, aus den vielfarbigen Stäubchen, die in der Sonne glitzerten, wurden die Schmetterlinge, lebendige Juwelen, fliegende Kleinodien, sozusagen Gottes Geschmeide aus freudvollen Gedanken. Mit leichtem Flügelschlag flogen die Schmetterlinge zu den Blumen. Das war ein fröhliches Begrüssen! Die Blüten gaben den neuen Freunden duftende Botschaften an ihre Geschwister mit. Überall waren sie willkommene Gäste, überall wurden sie mit köstlichem Nektar bewirtet. Und die ersten Menschen im Garten Eden schauten mit strahlenden Augen den fliegenden Kostbarkeiten nach. Doch das Paradies ging verloren, und die Menschen wurden daraus vertrieben. Freudlos irrten sie in der Wüste umher, denn eine undurchdringliche Hecke trennte sie von ihrem einstigen Wundergarten.

Die gutherzigen Engel der Winde aber wehten über die Mauer aus Dornen und Stacheln leichte Blumensamen und buntfarbige Schmetterlinge über das karge Land. Ein Hoffnungsstrahl huschte über die kummervollen Gesichter der ausgestossenen Menschen. So war ihnen vom Paradies doch noch etwas geblieben: die Sterne, die Blumen und die Schmetterlinge.

Wie Gott die Frau erschuf

Im fernen Indien fragten die Chelas ihren Guru, wie Gott die Frau erschaffen habe. Der Weise lehnte sich bedächtig zurück, setzte eine vielsagende Miene auf und erklärte es so: «Brahma nahm das leichte Schweben eines Blattes, die Farbe eines Rehs, die frohe Munterkeit tanzender Sonnenstrahlen und die Tränen des Morgentaus. Hinzu mischte er die Unbeständigkeit der Wolken, die Ängstlichkeit des Hasen, die Eitelkeit des Pfaus und das Tanzen einer Feder im Winde.»

«Ist das alles?» wollten die Schüler wissen.

«Gewiss nicht, denn er fügte noch die Härte des Diamanten, die Süsse des Honigs, die Wärme des Feuers und die Kälte des Eisens hinzu.»

«Und dann war die Frau geschaffen?» fragte vorlaut ein Jüngling.

«Noch nicht. Es fehlte noch die Grausamkeit des Tigers, die Falschheit der Schlange, das Plappern der Enten und das Gurren der Tauben. Aus all diesen Zutaten erschuf Gott die Frau. Deshalb ist ihr Wesen so unergründlich.»

Als Gott den Mann erschuf

«O Mahadeva», rief das Weib, nachdem es sich lange im See betrachtet hatte, «wie schön bin ich! Wer aber bewundert mich?»

Da erschuf Gott, der Allmächtige, die Vögel. Diese besangen und lobten das schöne weibliche Wesen.

Am nächsten Tag drangen neue Klagen zum Himmel: «Die Vögel sind gut und recht, Herr, aber sie fliegen so hoch. Lieber hätte ich ein Geschöpf, das sich zärtlich an mich schmiegt.»

Da formte der Allgütige die Schlange, und eine Zeitlang schien die Frau zufrieden. Dann aber rief sie erneut: «Warum gibt es, o Mahadeva, keine Kreatur, die mich nachzuahmen versucht. Ist meine Schönheit gar nicht so strahlend, wie ich glaube?»

Da runzelte der Allwissende die Stirn und gab dem Affen das Leben. Doch nur wenige Tage währte das Glück des Weibes, und schon begann ein neues Gejammer: «Der Affe und die Schlange streiten sich meinetwegen in Eifersucht.»

Mahadeva zeigte Nachsicht und brachte den Löwen auf die Erde. Affe und Schlange trennten sich, und der Friede im Paradies schien gesichert.

Doch das Weib begehrte alsbald ein Geschöpf, das sie nicht nur lobt, umfasst und nachahmt, sondern das ihr auch treu ergeben sei. Da schuf der Allweise den Hund.

Da nun die Schöne alle Wünsche erfüllt bekam, wurde es ihr langweilig, und sie wurde gereizt und unzufrieden. In ihrem Zorn schlug sie den Hund. Der Hund biss den Löwen. Der Löwe trat auf die Schlange. Die Schlange fuhr auf den Affen los, und die Vögel flogen erschreckt davon.

«O ich Unglückliche!» klagte das Weib. «Wo sind meine Gefährten, jetzt, da ich ärgerlicher Stimmung bin und sie am meisten brauche? Habe ich denn gar kein Anrecht auf meine Launen?»

Da hatte der Allerbarmer ein Einsehen und schuf den Mann.

Unsere älteren Brüder

Als die ersten Menschen auf die Welt kamen, waren sie wie hilflose Kinder. Da hatten die Tiere Mitleid mit ihnen. Sie brachten Früchte und Beeren und boten sie als Nahrung an. Die Menschen konnten verstehen, was die Tiere sagten, und die Tiere verstanden die Sprache der Menschen. Dadurch war es möglich, dass der Mensch seinen Geschwistern, den Tieren, immer schwerere Lasten aufbürdete. Statt selbst zu fischen und zu jagen, richtete er Vögel und Hunde ab, die für ihn auf die Jagd gehen sollten. Wollte er ein Kaninchen, schickte er den Adler aus, und begehrte er den Saft des Ahornbaumes, liess er den Specht in dessen Stamm tiefe Löcher bohren.

Lange Zeit dienten die Tiere dem Menschen auf diese Weise ohne Murren. Doch weil die Habgier und Verschwendungssucht der Menschen immer unersättlicher wurde, kamen die Vögel nicht mehr dazu, für ihre eigenen Bedürfnisse genügend zu sorgen. So brachte das Dienen den Tieren nichts wie Armut und Elend, und der Mensch verhielt sich gleichgültig gegenüber dem Schicksal der Tiere.

Eines Tages berieten sich die Tiere und kamen zu folgendem Schluss: Der Mensch hat unsere Hilfsbereitschaft mit Undank erwidert. Er hat uns missbraucht und versklavt, obwohl er uns sein Leben verdankt. Deshalb wollen wir nicht mehr seine Sprache sprechen. Von nun an soll der Mensch für sich selber sorgen, vielleicht wird er dann lernen und verstehen, dass er ohne seine älteren Brüder und Schwestern, die Tiere, hilflos ist, genau so hilflos wie am Tage seiner Geburt.

Noah und die Sintflut

Der Herr sprach zu Noah: «Bau dir eine Arche aus Holz, und von jedem Lebewesen sollst du zwei jeder Art auf die Arche nehmen und mit dir am Leben erhalten!»

Und Noah sprach: «Herr, unterschreibe mir diesen Bauauftrag und gib mir eine Anzahlung.»

Und der Herr unterschrieb und machte die gewünschte Akontozahlung.

Bevor der Herr die Schleusen des Himmels öffnen wollte, um die grosse Flut über die Erde hereinbrechen zu lassen, erkundigte er sich bei Noah nach dem Stand seiner Bauarbeiten.

«Ich bin noch nicht soweit», entschuldigte sich Noah in grosser Verlegenheit und erklärte dem Herrn: «Der Holzlieferant hielt sich nicht an die vereinbarte Zeit, drei Zimmermänner wurden krank, und der Abdichtungsspezialist kam bis heute überhaupt nicht.»

«Bedauerlich», sagte der Herr.

Und Noah wusste noch mehr zu berichten: «Die Transportfirma machte Bankrott, der Spengler streikte, der Glaser ging trotz doppeltem Lohnangebot nach Mallorca in die Ferien, und meine Söhne Sem, Cham und Japhet gründeten eine Pop-Gruppe. Mein Herr, ich bin am Ende!»

«Und wie steht es mit den Tieren, die du in die Arche mitnehmen solltest?» erkundigte sich der Herr. «Wo sind die Giraffen und wo die Nashörner?»

«Herr», klagte Noah, «der Lieferwagen mit den Giraffen kommt erst übermorgen, es gab Zollschwierigkeiten an der Grenze, und Nashörner konnte ich keine auftreiben. Die sind am Aussterben und für kein Geld mehr zu haben.»

Verärgert nahm der Herr den Noah am Arm und sagte: «Komm, Noah, komm, ich habe dir eine hübsche Anzahlung geleistet und einen Arbeitsvertrag unterschrieben. Nun, wo sind die Affen, die Bären und die Nilpferde? Wo sind die Elefanten, die Zebras und die Adler?»

Untröstlich gestand Noah: «Sie wurden an die falsche Adresse geliefert, sollten aber trotzdem bis Freitag ankommen. Du weisst doch selber, Herr, wie das jetzt mit den Lieferterminen ist und wie unzuverlässig heutzutage die Lieferanten sind.»

Und der Herr in seiner Weisheit sprach: «Noah, mein Sohn, ich weiss, ich weiss. Wieso glaubst du, wollte ich sonst die Sintflut über die Erde kommen lassen?»

Wege zu Gott

Falsches Gottvertrauen

Ein Ungläubiger fiel einen Abhang hinunter. Zum Glück konnte er sich noch an einem Baumast festhalten, sonst wäre er in die Tiefe gestürzt. Da hing er nun buchstäblich zwischen Himmel und Erde. Unter ihm gähnte der Abgrund. Er schrie um Hilfe. Doch kein Mensch hörte ihn. In seiner Verzweiflung kam ihm die Idee, Gott anzurufen und um Rettung zu flehen. Also rief er mit lauter Stimme: «Gott, rette mich!» Seine Stimme hallte in den Felsen wider, sonst war nichts zu hören.

Abermals schrie er: «Gott im Himmel, wenn es dich wirklich gibt, dann hilf mir, und ich verspreche dir, dass ich künftig an dich glauben werde.»

Nichts regte sich. Vor Schrecken liess er den Baumzweig, an dem er sich festhielt, beinahe los. Da ertönte plötzlich eine kraftvolle Stimme über ihm: «Solche Beteuerungen kenne ich. So reden die Menschen, wenn sie in Not sind.»

«Nein, o Gott, ich bin nicht wie die anderen!» jammerte der Verzweifelte. «Da ich deine Stimme vernommen habe, bin ich bereit, an dich zu glauben. Nun rette mich, und ich werde zum Dank überall von deiner Helfertat berichten.»

«Nun gut», sagte die himmlische Stimme, «ich werde dich erretten. Lass den Ast los, an den du dich klammerst!»

«Den Ast loslassen?» schrie der verängstigte Mann. «Hältst du mich für verrückt? Dann stürze ich ja in die Tiefe.»

Das unnütze Gebet

Seinen Schülern pflegte der Meister bewusstzumachen: «Wenn ihr das bekommt, worum ihr zu Gott betet, glaubt ihr, der Allmächtige habe euer Gebet erhört. Dies könnte eine grosse Illusion sein.»

Als die Schüler den Meister baten, dies näher zu erklären, erzählte er ihnen folgende Geschichte: «Ein Mann liess sein neues Fahrrad auf dem Marktplatz stehen, während er einkaufen ging. Gedankenverloren trat er zu Fuss den Heimweg an und dachte gar nicht mehr an sein Fahrrad. Wie er am nächsten Tag sich seiner Vergesslichkeit bewusst wurde, eilte er in grosser Sorge zum Marktplatz, da er befürchtete, sein Fahrrad sei gestohlen worden. Doch voller Freude stellte er fest, dass dieses immer noch dort stand, wo er es gestern hingestellt hatte. Da fuhr er zur nächsten Kirche, um Gott zu danken, dass er sein Fahrrad beschützt hatte. Wie er wieder heraus kam, stellte er fest, dass sein Fahrrad weg war.»

Gott ist draussen

Eine fromme Frau pflegte jeden Morgen zur Kirche zu gehen. Schon auf dem Weg dorthin dachte sie an Gott und achtete nicht auf die Leute, die sie im Vorübergehen grüssten. Sogar Bettler, die sie um ein Almosen baten, liess sie wortlos stehen, um in ihrer Andacht nicht gestört zu werden. Wie diese Frau eines Tages wieder vor der Kirchentüre ankam, in der Absicht, wie gewohnt dem Gottesdienst beizuwohnen, fand sie das Portal geschlossen. Beunruhigt pochte sie an das schwere Holz, doch niemand tat ihr auf. Der Gedanke, dass sie nun in all den Jahren zum ersten Mal die tägliche Messe versäumen sollte, ärgerte sie sehr. Als sie nun ratlos um sich sah, entdeckte sie an der Kirchenpforte einen Zettel, auf dem geschrieben stand: «Gott ist draussen.»

Näher zu Gott

Eines Tages sagte der Meister zu seinen Schülern: «Gott ist einem Sünder näher als einem Heiligen.»

Als seine Zuhörer verwundert aufhorchten, erklärte er es ihnen so: «Gott hält jeden Menschen wie an einer unsichtbaren Schnur. Jedesmal, wenn man sündigt, reisst die Schnur. Doch Gott knüpft sie mit einem Knoten wieder zusammen. Dadurch wird die Schnur kürzer, und der Mensch wird näher an Gott herangezogen.»

Der verkleidete Engel

Ein Kloster hatte grosse Nachwuchsprobleme. Die wenigen Mönche, die noch darin lebten, waren deswegen uneins und wiesen sich gegenseitig die Schuld zu. Da suchte der Abt des Klosters einen weisen Eremiten auf und bat diesen um Rat. «Ist das Kloster wegen unserer Sünden in einen derartigen Niedergang geraten?» fragte der Klostervorsteher.

«Ja», sagte der Einsiedler, «die Sünde der Unwissenheit ist daran schuld.»

«Unwissenheit ist doch nicht sündhaft», rechtfertigte sich der Ratsuchende.

«Ihr wisst nicht, dass einer von euch Mönchen eigentlich ein verkleideter Engel ist, der sich im Kloster aufhält, um euch zu beobachten.»

Wie der Abt seinen Mitbrüdern diese Kunde brachte, hob ein grosses Raten und Fragen an: «Ist es wohl der Bruder Koch? Der Bruder Gärtner vielleicht? Oder der Bruder Sakristan?»

Von diesem Tag an begegneten die Klosterleute einander mit viel Wohlwollen und Ehrfurcht, denn keiner konnte ja wissen, ob der andere vielleicht der verkleidete Engel war.

Es ging nicht lange, da herrschte in jenem Kloster eine friedvolle und einträchtige Stimmung. Die Mönchsgebete wurden zusehends inniger, die Chorgesänge erhebender, und bald meldeten sich junge Männer, die um Aufnahme in die Klostergemeinschaft baten.

Der Gottsucher

Ein Schüler bat seinen Weisheitslehrer, er möge ihm das Geheimnis Gottes erklären, denn in allen heiligen Schriften, die er studiert habe, hätte er keine gültige Antwort gefunden. Der Meister ging auf diese Bitte nicht ein. Er fordert den jungen Mann auf: «Nimm dort drüben den Weidenkorb und hol mir damit Wasser aus dem Brunnen!»

Der Schüler befolgte die Anweisung, obwohl sie ihm recht seltsam vorkam. So trug er das Wasser herbei, das fortwährend aus dem durchlässigen Korb herausfloss. Nach einer Weile fragte der Schüler nach dem Sinn dieses unsinnigen Bemühens.

Da wies der Meister auf den Korb hin und belehrte den Jüngling: «Viele Male hast du versucht, mit dem Korb Wasser herbeizutragen, doch jedesmal ist es dir misslungen. Dennoch ist der Korb, der vorher unbeachtet und verschmutzt im Hof herumlag, durch deine Arbeit sauber und wie neu geworden. So ist es auch mit deinem Geist. Er wird zwar das Geheimnis Gottes nie erfassen, aber er wird durch den steten Versuch zunehmend rein und klar.»

Wo ist Gott?

Ein europäischer Wissenschaftler und ein japanischer Zen-Priester begegneten sich in einem Tempel. Da fragte der Europäer: «Wo ist Gott?»

Der Mönch gab keine Antwort.

Bald darauf sassen die beiden beim Tee. Nach uralter Tradition bereitete der Japaner das Getränk. Als der Wissenschaftler seine Tasse ergriff, goss ihm der Zen-Priester so viel Tee ein, dass diese überlief. «O weh! Du verbrennst mir ja die Finger», jammerte der weisse Mann.

Der Asiate goss noch eine Weile weiter, dann sagte er: «Und da drin soll noch Gott Platz finden?»

Die vergebliche Rettungsaktion

Ein Pfarrer zerbrach sich den Kopf ob seiner Sonntagspredigt, die er dem Thema «Göttliche Vorsehung» widmen wollte. Plötzlich hörte er vor dem Fenster den Lärm schreiender Menschen, Sirenen heulten, und wie er hinausschaute, sah er eine gewaltige Wasserflut auf das Dorf zustürzen. «Um Gotteswillen, der Staudamm ist gebrochen!» war sein erster

Gedanke. Mit Entsetzen schaute er den fliehenden Menschen nach, bei sich aber dachte er: «Jetzt, wo ich gerade im Begriff bin, eine Predigt über die göttliche Vorsehung zu schreiben, wird mich Gott gewiss nicht verlassen. Ich bleibe hier.»

Die Flut stieg weiter an. Als das Wasser bereits bis zu den Fenstern des Pfarrhauses reichte, fuhr gerade ein Rettungsboot draussen vorbei. Die Menschen, die darin sassen, riefen: «Steigen Sie ein, Herr Pfarrer, kommen Sie mit!» Doch der geistliche Herr blieb standhaft, denn er wollte auf die Vorsehung bauen. Immerhin kletterte er auf das Dach der Kirche, die am Pfarrhaus angebaut war. Als die Wasserflut auch bis dorthin gelangte, kam erneut ein Boot voller Menschen heran, und die Insassen drängten ihren Seelenhirten einzusteigen. Doch er lehnte das Angebot ab, weiter auf Gottes Hilfe vertrauend. Schliesslich stieg er in den Glockenturm hinauf, soweit er konnte. Als ihm dort das Wasser bis zu den Knien reichte, nahte sich ihm erneut ein Rettungsboot, um ihn aufzunehmen. Auch jetzt sagte sich der Priester: «Ich vertraue auf Gott. Er wird mich gewiss nicht im Stich lassen.»

Als der Pfarrer ertrunken und dann in den Himmel gekommen war, beklagte er sich bei seinem Chef: «Ich habe bis zuletzt dir vertraut, wie es sich für einen gottesfürchtigen Christen gehört. Warum unternahmst du nichts, um mich zu retten?»

«Nun ja», antwortete der Allgütige, «immerhin habe ich dreimal versucht, dich in ein Rettungsboot zu bringen, aber du hast meine Hilfe jedesmal abgelehnt.»

Das Gebet des Frosches

Als der Klosterbruder Benno eines Nachts betete, sah er sich durch das Quaken eines Frosches gestört. Zunächst versuchte er, auf das lästige Geräusch nicht zu achten, doch umsonst. Er konnte sich einfach nicht sammeln. So schrie er aus dem Fenster: «Ruhe! Ich will jetzt beten.»

Der Frosch verstummte sogleich, denn die Stimme des Frommen tönte arg furchterregend. Mit dem Frosch verstummten auch alle anderen Lebewesen. Da es nun vollkommen stille war und kein Laut mehr Bruder Benno stören konnte, vernahm er plötzlich seine eigene innere Stimme, die ihm sagte: «Vielleicht gefällt Gott das Quaken dieses Frosches genauso wie der Gesang deiner Psalmen.»

«Wie kann Gott am Quaken eines Frosches Gefallen finden?» erwiderte Benno spöttisch.

Doch die innere Stimme gab nicht nach: «Warum glaubst du, hat Gott diesen Laut geschaffen und dem Frosch so die Möglichkeit gegeben, sich bemerkbar zu machen?»

Der Klosterbruder besann sich eine Weile. Dann beugte er sich aus dem Fenster und befahl: «Sing!»

Erst zaghaft, dann immer bestimmter erfüllte das Quaken des Frosches wieder die Luft, und alle anderen Frösche in der Nachbarschaft antworteten mit dem gleichen Gequake. Als Bruder Benno so in die Nacht hinauslauschte und den vielstimmigen Gesang der Frösche vernahm, klang dieser nicht mehr so schrill, da er sich nicht mehr dagegen sträubte.

Diese Entdeckung brachte das Herz des Mönches in Einklang mit dem ganzen Universum, und er verstand zum ersten Mal in seinem Leben, was beten heisst.

Kreuzträger sind wir alle

Ein Mensch, der zeit seines Lebens das ihm vom Himmel zugedachte Kreuz dahinschleppte, blieb eines Tages ermattet und entmutigt stehen und war es müde, ständig sein Kreuz zu tragen. So flehte er zum Herrn und bat um ein anderes, um ein leichteres Kreuz. Der Herr nahm ihm sein Kreuz, dessen er überdrüssig war, in seiner Güte ab und stellte es in einen grossen Raum, wo noch viele andere Kreuze standen, von solchen, die ihr Kreuz bis zu Ende getragen hatten, aber auch von solchen, die noch auf ihr Kreuz zu warten hatten.

Nachdem der Mensch sein Kreuz los war, wurde ihm befohlen, nach drei Tagen sich wieder zu melden, dann würde ihm gemäss seiner eigenen Wahl ein anderes Kreuz übergeben. Wie er nach drei Tagen in der Halle der Kreuze sich einfand, bekam er die Gelegenheit, unter den vielen Kreuzen, die an den Wänden lehnten oder hingen, das für ihn passende auszusuchen. Da waren leichte und schwere Kreuze, solche aus Eisen, andere aus Gold oder Silber. Die einen waren kantig, andere aus Rundhölzern gefertigt, es gab solche, die mit allerhand Zierarten geschmückt waren, aber auch ganz einfache, schlichte Kreuze, die sicher kein Künstler bearbeitet hatte. Nachdem der Mensch alle Kreuze gemustert, betastet und gewogen hatte, ergriff er eines, das zuhinterst, unscheinbar und klein in der Ecke stand.

«Dieses will ich nehmen, Herr, wenn es schon sein muss.»

Der Herr gab es ihm mit den Worten: «Dies ist genau das Kreuz, das du bis jetzt getragen hast.»

Der heilige Schatten

Vor langer Zeit lebte ein frommer Mann, der so gut war, dass selbst die erstaunten Engel im Himmel herabstiegen, um zu sehen, wie ein Mensch so selbstlos gut sein konnte. Dabei ging dieser Mann ganz einfach seinen täglichen Aufgaben nach und strahlte dabei Liebe und Wohlwollen aus, ohne sich dessen bewusst zu sein. Er lebte schlicht nach dem Grundsatz: Gebe und vergebe. Dennoch kamen diese Worte niemals wie eine Belehrung über seine Lippen; sie drückten sich vielmehr aus in seinem freundlichen Lächeln, das er allen schenkte, und in seiner liebenswürdigen Anteilnahme und in seinem absichtsfreien Helferwillen. Die Engel brachten die Kunde vom wohltuenden Wirken dieses Mannes und baten Gott: «O Herr, erfülle ihm einen Wunsch!»

«Einverstanden», sagte der Herr, «fragt ihn, was er sich wünscht!»

So erkundigten sich die Engel bei jenem Frommen nach einem Wunsch. Dieser aber war wunschlos zufrieden. «Du musst um ein Wunder bitten», gab man ihm zu verstehen.

«Nun gut», sprach der Heilige, «dann soll mein Wunsch sein, dass ich viel Gutes tue, ohne mir dessen bewusst zu sein und ohne dass ich eine Absicht damit verbinde.»

Die Engel waren ob dieses Begehrens recht erstaunt. Sie berieten sich miteinander und trugen folgenden Plan dem Allmächtigen vor, der ihn guthiess: Jedesmal, wenn der Schatten des heiligmässigen Mannes so fällt, dass er ihn nicht sehen kann, soll diesem die Macht zukommen, Kranke zu heilen, Schmerzen zu lindern und Traurige zu trösten. Und so geschah es nun. Wo immer der Heilige hinkam, machte sein Schatten die Felder grün und fruchtbar, er liess versiegte Quellen wieder fliessen, blassen Kindergesichtern verlieh er Lebensfrische und Schwache fühlten sich gestärkt.

Von alledem nichts ahnend, lebte der fromme Mann so sein alltägliches Leben, er ging hierhin und dorthin, strahlte dabei Licht und Liebe aus, ohne sich dessen bewusst zu werden. Und die Menschen anerkannten seine Demut, folgten ihm still und sprachen niemals von seinen Wundern, die er absichtslos vollbrachte.

Nach und nach vergassen die Leute sogar seinen Namen und nannten ihn nur noch den «Heiligen Schatten».

Allah ist allgegenwärtig

Ein Sufi ruhte einmal gemütlich und zufrieden vor seinem Haus. Die Beine hatte er ausgestreckt, die Arme hinter dem Kopf verschränkt, die Augen halb geschlossen.

Da ging ein frommer Mann vorbei und rief aus: «Oh, ich wusste gar nicht, dass du eine so unverschämte Person bist!»

Der Sufi war ganz überrascht ob diesem Vorwurf. «Warum», fragte er, «was hab ich denn angestellt? Wie du siehst, ruhe ich mich hier friedlich aus.»

«Du liegst da auf eine sehr unverschämte Art, denn deine Füsse zeigen nach Mekka!» sagte der fromme Mann.

Der Sufi dachte eine Weile nach. Dann erwiderte er: «Komm her, mein Freund, nimm meine Beine und drehe sie in jene Richtung, wo Gott nicht ist.»

Wie Ochs und Esel zur Krippe kamen

Als Josef und Maria auf dem Weg nach Bethlehem waren, rief ein Engel die Tiere des Waldes heimlich zusammen, um einige auszuwählen, damit sie der Heiligen Familie im Stall Gesellschaft leisten und ihre Dienste anbieten könnten. Als erster meldete sich natürlich der Löwe. Stolz richtete er sich auf, schüttelte mächtig seine Mähne und brüllte: «Nur der König der Tiere ist würdig, dem Herrn der Welt zu dienen. Ich werde jeden zerreissen, der dem Kind zu nahe kommt!»

«Du bist mir zu grimmig», sagte der Engel.

Darauf schlich sich der Fuchs herbei. Mit unschuldiger Miene heuchelte er: «Ich werde sie gut versorgen. Für das Christkind besorge ich den süssesten Honig, und für Maria stehle ich jeden Morgen ein fettes Huhn.»

«Du bist mir zu verschlagen», meinte der Engel.

Da stolzierte der Pfau heran. Prachtvoll schlug er sein Rad, und sein Gefieder erglänzte in schimmernden Farben. «Ich will den armseligen Stall herrlicher schmücken als Salomon seinen Tempel.»

«Du bist mir zu eitel», erwiderte der Engel.

Es kamen noch andere Tiere und priesen ihre Vorzüge und Künste an. Umsonst. Zuletzt blickte der Engel noch einmal suchend um sich und sah Ochs und Esel draussen auf dem Felde an der harten Arbeit. Der Engel ging zu ihnen und fragte: «Was habt ihr zu bieten?»

«Nichts», meinte der Esel und liess traurig seine langen Ohren hängen. «Wir haben nichts gelernt ausser Demut, Geduld und Gehorsam, denn alles andere hat uns immer nur

Prügel eingetragen.» Und der Ochs warf schüchtern ein: «Aber vielleicht können wir ab und zu mit unseren Schwänzen die Fliegen vom Gesicht des Jesuskindes verscheuchen!»

Da sagte der Engel: «Ihr beide seid die Richtigen, ihr dürft zum Christkind kommen.»

Gott kann warten

Ein Mann erzählte, er hätte einmal einen merkwürdigen Traum gehabt. Ihm träumte, er habe einer Versammlung von bösen Geistern beigewohnt. Der Teufel führte den Vorsitz. Der ganze Rat sprach eifrig darüber, welche Methode wohl die beste sei, um möglichst viele Menschen ins Verderben zu ziehen. Einer schlug vor: «Ich will den Menschen beibringen, dass es keinen Gott gibt.»

Der Oberteufel erhob Einspruch: «Das werden die Menschen dir nicht glauben, denn die ganze Natur beweist ihnen das Gegenteil.»

Ein zweiter Dämon erklärte: «Ich rede ihnen ein, dass mit dem Tod alles aus ist.»

«Du Narr», antwortete der Höllenfürst, «ihr Gewissen lässt sie darüber nicht in Ruhe.»

Da machte ein dritter den Vorschlag: «Ich will den Menschen einflüstern: ‹Es ist alles wahr, was in der Bibel steht. Es stimmt auch, dass ihr zu Gott heimkehren sollt. Aber beeilt euch nicht, das hat noch viel Zeit, denn Gott ist langmütig. Er kann warten.›»

«Grossartig», riefen alle Teufel einstimmig. «So wollen wir es machen!»

Das buchstabierte Gebet

Ein jüdischer Rabbi musste auswärts übernachten. Wie er vor dem Einschlafen seine üblichen Gebete verrichten wollte, stellte er zu seinem Schrecken fest, dass er sein Gebetbuch vergessen hatte. In seiner Verlegenheit und Einfalt sagte er zum

Herrn: «Ich kann leider heute abend nicht zu dir beten, denn mein Gebetbuch fehlt mir, und auswendig kann ich die Gebete immer noch nicht sprechen.»

Auf einmal kam ihm ein rettender Gedanke: «Herr», sagte er, «ich werde siebenmal langsam das ganze Alphabet aufsagen. Du aber, der du alle Gebete kennst, kannst die entsprechenden Buchstaben so zusammensetzen, dass sich daraus jene Gebete ergeben, an die ich mich nicht mehr erinnere.»

An jenem Abend sagte der Herr zu seinen Engeln: «Von allen Gebeten, die ich heute gehört habe, ist mir dies das liebste gewesen, weil es aus einem einfachen und ehrlichen Herzen kam.»

Buddha ist überall

Eine Frau hatte den Wunsch, Buddha zu begegnen. Da sagten die Verwandten und Bekannten zu ihr: «Buddha ist schon lange tot. Wie willst du ihm hier und heute begegnen?»

Die Frau wandte sich vertrauensvoll an einen frommen Sadhu und fragte ihn, wo sie den Erhabenen finden könne. «Geh auf den Markt, da triffst du ihn!» lautete seine Weisung.

«Aber wie und woran kann ich ihn dort erkennen?»

«Du begegnest ihm in jedem Bettler, der dich um ein Almosen bittet, in jedem Kind, das am Strassenrand spielt, in jeder Frau, die dort ihre Waren verkauft. Er kommt dir aber auch entgegen in jedem Vogel, der in den Bäumen singt, und der erstbeste Hund, der dir über den Weg läuft, das ist er.»

Spuren im Sand

Eines Nachts hatte ich diesen Traum: Ich ging mit Gott, meinem Herrn, am Strand spazieren. Vor meinen Augen zogen Bilder aus meinem Leben vorüber, und auf jedem Bild entdeckte ich Fussspuren im Sand. Manchmal sah ich die Abdrücke von zwei Fusspaaren, dann wieder nur von einem Paar. Das verwirrte mich, denn ich stellte fest, dass immer dann, wenn ich unter Angst und Sorge oder unter einem Gefühl des Verlassenseins litt, nur eine Spur im Sand zu sehen war. Deshalb wandte ich mich an den Herrn: «Du hast mir versprochen, Herr, du würdest immer mit mir gehen, wenn ich dir nur folgen würde. Ich habe aber festgestellt, dass gerade in den schwierigsten Zeiten meines Lebens nur eine Fussspur im Sand zu sehen war. Wenn ich dich am dringendsten brauchte, Herr, warum warst du dann nicht neben mir?»

«Dann habe ich dich getragen.»

Der Asket und die Maus

Ein frommer Asket meditierte in der stillen Abgeschiedenheit einer Felsenhöhle. Da huschte eine Maus herein und versuchte an seinem Brotsack zu knabbern. «Lass mich in Ruhe und störe mich nicht in meiner Andacht», sagte unwirsch der Asket.

«Ich habe Hunger», piepste die Maus.

«Was geht mich das an, ich suche die Einheit mit Gott.»

«Wie willst du mit Gott eins werden, wenn du nicht einmal mit mir einig wirst», gab die Maus enttäuscht zurück und verkroch sich im dürren Laub.

Auf der Suche nach Gott

Ein Sufimeister wurde gefragt, wo er Gott begegnet sei. Seine Antwort lautete:

«Zuerst suchte ich ihn in den Moscheen der Moslems, doch da war er nicht. Dann ging ich in die Synagogen der Juden. Auch hier traf ich ihn nicht an. Nun suchte ich ihn in den Kirchen der Christen. Aber hier wohnte er nicht.

Zuletzt ging ich in die Pagoden der Hindus und in die Tempel der Buddhisten. Dort sah ich Hunderte von Göttern, aber Gott fand ich dort nicht. Da wandte ich meinen Blick nach innen und schaute in mein Herz. Dort begegnete ich Gott. An keinem äusseren Ort war er zu finden.»

Die zwei Clowns

Rabbi Baruka ging auf den Marktplatz von Lapet. Eines Tages erschien ihm dort der Prophet Elija, und Rabbi Baruka fragte ihn: «Gibt es unter all diesen Menschenmassen einen einzigen Menschen, der Anteil an der kommenden Welt haben wird?»

Elija antwortete: «Es gibt keinen!»

Später jedoch kamen zwei Menschen auf den Marktplatz, und Elija sagte zum Rabbi: «Diese beiden werden Anteil haben an der kommenden Welt.»

Rabbi Baruka fragte sie: «Was habt ihr denn für einen Beruf?»

Sie antworteten: «Wir sind Clowns. Wenn wir jemanden sehen, der traurig ist, dann erheitern wir ihn, wenn wir zwei Menschen sich zanken sehen, versuchen wir, diese wieder zu versöhnen.»

Die vergessenen Sünden

Eine alte Frau behauptete, Gott persönlich würde ihr jeden Tag am Morgen bei der Messe erscheinen. Der Pfarrer des Dorfes zweifelte an der Echtheit der Erscheinung und verlangte von der Frau überzeugende Beweise. «Wenn dir Gott beim nächsten Mal erscheint», sagte der Pfarrer zu der vermeintlichen Seherin, «dann bitte ihn, er möge dir meine Sünden nennen, denn diese kennt ausser mir gewiss nur er allein.»

Eines Morgens kam die Frau zum Pfarrer in die Sakristei, und dieser fragte sogleich: «Hast du den lieben Gott erneut gesehen?»

Da die Frau dies bejahte, wollte der Pfarrer wissen, ob Gott ihr seine Sünden genannt habe.

«Ja, das hat er.»

«Und was sagte er?»

«Er meinte nur: ‹Sag dem Pfarrer, ich habe seine Sünden vergessen.›»

Das vergessene Glas Wasser

Ein junger Mann bat Gott, ihn über die Wahrheit zu belehren. Weil es heiss und schwül war, sagte Gott: «Bringe mir zunächst ein Glas Wasser.»

Der Jüngling eilte zum nächstgelegenen Haus, trat ein und stand vor einer wunderschönen Frau. Er verliebte sich in sie, heiratete sie, bekam Kinder und führte ein glückliches Familienleben. Eines Tages begann es zu regnen. Der Regen fiel unaufhörlich. Das Wasser stieg gefährlich an und drohte die Häuser fortzuschwemmen. In der höchsten Not erinnerte sich der Mann an seinen Gott und fing an, ihn um Hilfe zu bitten.

Gott aber antwortete: «Wo bleibt das Glas Wasser, um das ich dich bat?»

Schlusswort

Wer die vorliegenden Symbolgeschichten gelesen und verstanden hat, wird gewiss bereichert sein von deren Wahrheits- und Weisheitsgehalt. Es empfiehlt sich, diese weiterzuerzählen. Sie eignen sich vortrefflich, um Kinder in Familie und Schule zu unterweisen, in Vorträgen und Seminarien können sie den dargebotenen Lehrstoff vertiefen, in zahlreichen Gesprächen dürften sie auf Interesse stossen, und selbst in religiösen Ansprachen und Predigten in der Kirche werden sie aufmerksame Zuhörer finden.

Abschliessend sei noch eine letzte Symbolgeschichte angefügt:

An einem Sommermorgen, um die Zeit, da die Bauern das Vieh auf die Weide treiben, kam ein Fremder in die Stadt und stellte sich mit seinem Wagen auf den Marktplatz. Den ersten, der ihm dort begegnete, sprach er an und begann, ihm eine Geschichte zu erzählen, so dass dieser wie gebannt zuhörte. Ein zweiter griff im Vorbeigehen ein paar Worte auf, wollte weiter und vermochte es nicht, blieb stehen und lauschte. Bald war eine ganze Schar von Leuten um den Geschichtenerzähler versammelt. Unter ihnen stand auch der Sakristan, der auf dem Wege gewesen war, die Kirche zu öffnen, denn um acht Uhr pflegte der Pfarrer dort die Messe zu lesen.

Zur gewohnten Zeit kam der Pfarrer, fand aber die Kirchentüre geschlossen. In hellem Zorn machte er sich auf, den säumigen Mesner zu suchen. Schon kam dieser dahergeeilt, denn der Geschichtenerzähler hatte ihm einen Wink gegeben. Der Pfarrer fuhr den Diener energisch an und fragte, warum er seine Pflicht versäumt habe und warum die Leute fehlten, die sonst um diese Zeit im Gotteshaus versammelt seien. Der Gerügte berichtete, wie er, so seien auch alle anderen, die auf dem Weg zum Gebet waren, von den Geschichten des Erzählers auf dem Markt unwiderstehlich angezogen worden.

Nach dem Gebet hiess der Pfarrherr den Sigristen zum Markt gehen, um den Geschichtenerzähler herbeizuholen, damit er ihm gehörig die Leviten lese.

Inzwischen hatte der Erzähler seine Geschichte beendet und war in einer Herberge abgestiegen. Dort fand ihn der Sakristan und richtete seinen Auftrag aus. Der Geschichtenerzähler machte sich sogleich auf und ging zum Priester.

«Was fällt dir ein», schrie der ihm entgegen, «die Leute von der Messe abzuhalten?»

«Hochwürden», antwortete der Erzähler gelassen, «es frommt euch nicht, derart aufzubrausen. Lasst mich lieber auch euch eine meiner Geschichten erzählen.» –

«Ich bin einmal mit drei Pferden über Land gefahren», begann der Fremde, «einem roten, einem gefleckten und einem Schimmel. Und alle drei haben nicht wiehern können. Da ist mir ein Bauer entgegengekommen, der hat mir zugerufen: ‹Halt die Zügel locker!› Wie ich die Zügel locker liess, fingen alle drei Pferde an zu wiehern.»

Der geistliche Herr schwieg betroffen. «Ich verstehe», stammelte er, verbarg sein Gesicht und brach in Tränen aus. Wie er wieder aufschaute, war der Erzähler verschwunden und ward nicht mehr gesehen.

Quellennachweis

Aldinger, Marco: Bewusstseins-Erheiterung. Verlag Marco Aldinger, Freiburg 1989.

Balling, Ludwig: Wo sich die Liebe freut. Missionsverlag Marianhill, Würzburg, o.J.

Blofeld, John: Eine Reise von tausend Meilen beginnt mit einem Schritt. Scherz Verlag, Bern 1990.

Britschgi, Ezechiel: Der zerbrochene Stein. Gedanken zum Sonntag, in: Luzerner Zeitung vom 17.6.1995, S. 43.

Buber, Martin: Die Erzählungen der Chassidim. Manesse Verlag, Zürich 1949.

Colegrave, Sukie: Der Weg durch den Schmerz. Scherz Verlag, Bern 1988.

De Mello, Anthony: Eine Minute Weisheit. Herder Verlag, Basel 1987.

–: Warum der Vogel singt. Herder Verlag, Basel 1989.

–: Wer bringt das Pferd zum Fliegen? Herder Verlag, Basel 1989.

–: Warum der Schäfer jedes Wetter liebt. Herder Verlag, Basel 1989.

Feige, J./Spennhof, R.: Ja zu jedem Tag. Schriftenmissions-Verlag, Gladbeck 1977.

Grimm, Georg: Der Samsaro. Lebensweiser Verlag, Büdingen, Hessen 1960.

Hazrat, Inayat Khan: Wanderer auf dem inneren Pfad. Herder Verlag, Basel 1986.

Hösle, Vittorio: Philosophie der ökologischen Krise. C. H. Beck Verlag, München 1991.

Lehmann, Johannes: Buddha. Leben, Lehren, Wirken. Bertelsmann Verlag, München 1981.

Lukas, Elisabeth: Die magische Frage «wozu». Herder Verlag, Basel 1991.

Platov, Henry: Der Eremit und andere Zen-Erzählungen. Theseus Verlag, Zürich 1989.

Poeplan, Wolfgang: In die Mitte der Welt führt deine Spur. Christophorus Verlag, Freiburg 1984.

Sah, Idris: Tales of the Dervishes. Dutton, New York 1969.

Schulmann, Martin: Karmische Astrologie. Urania Verlag, München 1993.

Watts, Alan: Kreative Meditation. Sphinx Verlag, Basel 1982.

Wiesel, Elie: Was die Tore des Himmels öffnet. Herder Verlag, Basel 1989.

Zink, Jörg: Unter weitem Himmel. Kreuz Verlag, Stuttgart 1990.

Beat Imhof, geb. 1929 in Grengiols, Wallis, Dr. phil., dipl. Psychologe, war von 1958 bis 1994 vollamtlicher Schulpsychologe der Stadt Zug. Nebenberuflich wirkte er während 20 Jahren als Dozent für Psychologie, Pädagogik und Heilpädagogik an mehreren Krankenschwesternschulen und Volkshochschulen. Als regelmässiger Mitarbeiter verschiedener Zeitschriften verfasste er zahlreiche Beiträge zu psychologischen und esoterischen Themen. Seine Vorträge sind noch heute im In- und Ausland gefragt.